Trauer und Hoffnung

NOA BEN ARTZI-PELOSSOF

Trauer und Hoffnung

Aus dem Englischen von Helmut Frielinghaus,
Udo Rennert und Wiebke Schmaltz

Die englische Originalausgabe erscheint 1996 unter dem Titel
«In the name of sorrow and hope»
bei Robert Laffont, Paris

Umwelthinweis:
Dieses Buch und der Schutzumschlag wurden auf chlorfrei gebleichtem Papier gedruckt. Die Einschrumpffolie – zum Schutz vor Verschmutzung – ist aus umweltfreundlicher und recyclingfähiger PE-Folie.

Ungekürzte Buchgemeinschafts-Lizenzausgabe
der Bertelsmann Club GmbH, Rheda-Wiedenbrück
der Buchgemeinschaft Donauland Kremayr & Scheriau, Wien
und der angeschlossenen Buchgemeinschaften

Umschlag- und Einbandgestaltung: Roland Huwendiek
Umschlagfoto: Jörg Waizmann / action press
Druck und Bindung: Clausen & Bosse, Leck
Printed in Germany · Buch-Nr. 047829

Für meinen Saba,
in Liebe, Noale

Inhalt

Letzte Worte

Prolog

Ein König, drei Präsidenten, ein stellvertretender Premierminister und der Generalsekretär der Vereinten Nationen – einer nach dem anderen traten sie ans Rednerpult. Feierlich, bewundernd sprachen sie von Jitzhak Rabin, dem Friedensstifter, dem Politiker. Ihre Worte drifteten an mir vorbei. Innerlich war ich abwesend, noch immer benommen von dem Schock. Ich schaute auf das Stück Papier in meiner Hand. Ich faltete es auseinander und wieder zusammen. Ich versuchte, die Worte zu lesen, die ich darauf geschrieben hatte, doch immer wieder sah ich Großpapas Gesicht vor mir. Mach es gut, befahl ich mir immer wieder, zeig ihm, daß du stark bist, Noa.

Plötzlich wurde mein Name aufgerufen. Ich konnte nicht länger so tun, als wäre alles nur ein Alptraum. Meine Traurigkeit war Realität. Ich erhob mich, ohne mir dessen bewußt zu sein, daß die ganze Welt auf mich blickte. Ich fürchtete, mir würden die Beine versagen, doch sie taten es nicht. Ich ging zum Podest und stand dort, allein. Zu meiner Linken, nur wenige Meter entfernt, lag Großpapa, auch er allein.

Ich blickte auf und sah in ein Meer von Gesichtern. Ich suchte nach meiner Familie, um mir Kraft zu holen. Ich sprach für mich. Doch ich wußte, daß ich zugleich auch für andere sprach.

Sobald ich begann, spürte ich Großpapa, meinen Saba, neben mir. Er war da. Doch würde er mich auch hören?

«Verzeiht, daß ich nicht vom Frieden sprechen möchte. Ich möchte von meinem Großvater sprechen ...»

Anfangs gelang es mir, meine Tränen zurückzuhalten. Ich hörte das Echo meiner Stimme über dem Herzl-Berg. Mein Kopf war völlig benebelt, doch die Worte kamen fließend, ohne Stocken.

«Großvater, du warst das Feuer vor dem Lager ...»

Doch ich fühlte, wie ich allmählich die Kontrolle verlor. Dreimal brach ich fast zusammen. Und später, als ich mich auf dem Fernsehschirm sah, erinnerte ich mich an den Moment, ja an die Worte, die meine Tränen ausgelöst hatten.

«... Die Engel, die dich jetzt begleiten werden, bitte ich, dich zu beschützen, denn du verdienst ihren Schutz.»

Ich blickte zu meiner Familie hinüber und sah, wie mein Schmerz sich auf ihren Gesichtern widerspiegelte. Ich holte tief Luft. Ich betete, daß er mich hören konnte, daß er mich sehen oder wenigstens spüren konnte. Ich wandte mich zu dem Sarg, der mit der israelischen Flagge bedeckt war. Ein paar Sekunden lang war er der Mittelpunkt der Welt. Großvater mußte einfach meine letzten Worte an ihn hören.

«Wir lieben dich, Saba, auf immer.»

Erst als ich zum Schluß aufblickte, sah ich, daß viele Menschen mit mir zusammen weinten. Doch auch da merkte ich noch nicht, welche Wirkung meine Worte gehabt hatten. Ich war erleichtert, das Ende erreicht zu haben, mir selbst bewiesen zu haben, daß ich zu ihm sprechen und ihm hatte zeigen können, daß ich stark war. Und wenn ich schluchzte, dann deshalb, weil ich wußte, daß er mich gehört hatte.

Ich habe zu dir gesprochen, Großpapa, und du wärst stolz auf mich gewesen. Ich habe zu dir gesprochen, und du hast mich

Noa bei der Trauerfeier für ihren Großvater am 6. November 1995 (Foto © Angeli Agency)

gehört. Es war unser letztes Gespräch auf Erden, und dann haben wir für immer Abschied voneinander genommen.

Ich kehrte zu meiner Familie in die erste Reihe der Trauernden zurück. Meine Mutter, mein Stiefvater und mein Bruder umarmten mich. Und ich konnte endlich loslassen. «Ist ja gut», hörte ich sie sagen, «es ist vorbei.»

Mein Saba ist tot

Das Attentat

Was taten Sie gerade, als Sie die Nachricht hörten?

Ich glaube, die Israelis werden sich immer an den Samstag erinnern, als mein Großvater, Jitzhak Rabin, getötet wurde. Ich jedenfalls werde diesen schrecklichen Tag, den 4. November 1995, bestimmt niemals vergessen.

Den Abend davor hatte ich mit Freunden in einer Diskothek verbracht, hatte getanzt, gelacht und bis in die frühen Morgenstunden Spaß gehabt. Gegen fünf Uhr morgens war ich nach Hause gekommen und wie immer in Tiefschlaf gefallen, sobald mein Kopf das Kissen berührte. Ich glaube, diese Fähigkeit, auf der Stelle einzuschlafen, habe ich von meinem Großvater geerbt.

Da wir zu einer Hochzeitsparty fahren wollten, weckte mich meine Mutter, Dalia, gegen zwölf Uhr mittags. Es war ein sonniger Herbsttag in Tel Aviv, einer dieser Tage, die einen eher an Frühling denken lassen. Licht strömte durch die Fenster meines Elternhauses in Herzliya.

«Noa ...? Wach auf, Noa!»

Wie üblich hatte ich Probleme mit dem Wachwerden, und Mama mußte mich dreimal rufen, bevor ich mich endlich rührte. Unser Pudel George, ein Hund mit einer bemerkenswerten Persönlichkeit, hatte einen ganzen Kuchen aufgefressen, den er sich unbemerkt von der Küchentheke geangelt hatte. Und wie so oft fuhren meine Mutter und mein Stiefvater Avi schon mal ohne uns los, weil mein Bruder Jonathan, seine Freundin Rana und ich noch nicht fertig waren. Wir verabredeten, daß wir zur Party nachkommen würden.

Zur selben Zeit bereitete sich in einem anderen Teil dieser Stadt ein junger Mann darauf vor, meinen Großvater zu ermorden.

Cochav-Ya'ir, der Ort, zu dem wir fuhren, liegt etwa eine halbe Autostunde von Herzliya und etwa fünf Minuten von der Grünen Linie entfernt, der israelischen Grenze vor dem Sechstagekrieg von 1967. Israel ist ein sehr kleines Land.

Der Empfang fand in einem Garten statt. Er brachte eine ziemlich merkwürdige Mischung von Menschen zusammen, von Politikern und höheren Armeeoffizieren bis zu Jet-set-Typen und Leuten aus dem Showbusiness. Die Gruppen vermischten sich nicht wirklich, sie blieben lieber an verschiedenen Tischen unter sich. Bei einer solchen Gelegenheit schienen Gegensätze sich nicht anzuziehen. Doch wenn es ein gemeinsames Thema an diesem Tag gab, so war es die Kundgebung, die am selben Abend auf dem «Platz der Könige Israels» im Herzen Tel Avivs stattfinden sollte – eine große Demonstration zur Unterstützung des Friedensprozesses und gegen politische Gewalt.

Unter den Gästen auf dem Empfang war auch der Schauspieler und Sänger Gidi Gov, ein großer Komödiant und eine landesweit bekannte Persönlichkeit. Schon auf der Fahrt zu der Party war Jonathan ganz begeistert von der Aussicht, dort möglicherweise Gov zu begegnen, dem Mythos seiner Kindertage. Aber weil die Gäste sich in Gruppen separierten, war die

Kontaktaufnahme erschwert. Schließlich aber, als Gov sich etwas zu trinken holte, wandte sich Jonathan, der nicht gerade schüchtern ist, mit einem frechen kleinen Grinsen an ihn und sagte:

«Aus Ihnen würde nie ein guter Politiker werden. Sie erkennen ja nicht mal Ihre Fans. Jetzt sind Sie schon mehrmals an mir vorbeigegangen, und jedesmal habe ich versucht, Ihre Aufmerksamkeit zu erregen – und Sie haben es nicht mal bemerkt.»

Der Star, ein Glas in der Hand, lächelte betroffen, als hätte man ihn ertappt – doch schnell faßte er sich und konterte mit gespieltem Ernst: «Das ist eben das Privileg von uns Künstlern, euch Politiker zu ignorieren!»

Das Eis war gebrochen.

Wir fuhren mit unserem Geplänkel noch eine Weile fort, ohne uns zu den anderen zu setzen. Ich konnte sehen, daß Jonathan überglücklich war, seinen Helden getroffen zu haben. Etwa um vier Uhr nachmittags verabschiedeten wir uns mit typisch israelischer Ironie: Ganz bestimmt würden wir uns am Abend noch in die Arme laufen.

Ganz bestimmt. Man rechnete mit Zehntausenden von Menschen auf der Kundgebung, und unsere Chancen für ein Wiedersehen waren bestenfalls minimal.

Die Kundgebung wurde mit Spannung erwartet, da sie die erste Versammlung dieser Art in Tel Aviv war. Nach Dutzenden von wohlorganisierten Protesten der extremen Rechten gegen den Friedensprozeß war dies die erste öffentliche Demonstration zur Unterstützung der Friedenspolitik und deshalb von großer Bedeutung. Sie sollte zeigen, daß die schweigende Mehrheit endlich bereit war, sich für den Frieden zu engagieren, und dies durch ihr Kommen auch demonstrieren würde.

Ich war nicht sicher, ob Großpapa auch dasein würde, aber ich hoffte es. Er schien zu zögern wegen des «Image-Problems». Offensichtlich war es möglich, daß die Opposition gegen den Friedensprozeß demonstrierte; eine regierungsfreundliche Kundgebung aber barg das Risiko, daß man sie als Propaganda auslegte. In Wirklichkeit war sie von zwei Personen organisiert worden, von Schlomo Lahat, dem früheren Bürgermeister von Tel Aviv, allgemein unter seinem Spitznamen Chich bekannt, und von Jean Frydman, einem Friedensaktivisten und ehemaligen Mitglied der französischen Résistance. Das Motto der Kundgebung lautete: «Ja zum Frieden. Nein zur Gewalt.» Schlicht und eindeutig.

Nach dem Mittagessen rief meine Mutter Großpapa an, und ich freute mich, als ich hörte, daß Saba doch teilnehmen würde.

Ich fand es nur gerecht, daß mein Großvater nach all der unfairen und brutalen Kritik, nach so vielen persönlichen und bösartigen Angriffen endlich einmal Unterstützung erfahren sollte. Endlich würde er sehen, daß es viele vernünftige Israelis gab, die hinter ihm standen, die ihn liebten und die vor allem an ihn und seine Politik glaubten. Besser als irgend jemand sonst wußte ich, daß er all das Lob verdiente, das er erhalten würde.

Daß ich überall als Jitzhak Rabins Enkelin galt, war zu einer Art Normalität für mich geworden, fast ein Lebensmuster. Als ich zur Welt kam, hörte Jonathans Kindergärtnerin im Radio von meiner Geburt: So erfuhr Jonathan, daß er eine Schwester hatte. Die Ankunft von Rabins kleiner Enkelin wurde für nachrichtenwürdig befunden. Doch über Großpapas öffentliche Bekanntheit hinaus – erst als Soldat, dann als Politiker – war er für mich zuallererst und hauptsächlich mein Großvater. Wenn ich ihn also an dem Abend sprechen hören würde, das wußte ich, würden nur wenige die ganz besondere Freude empfinden, die ich verspürte. Ich liebte, ich liebe meinen Großvater so sehr, daß meine Liebe unberührbar ist, ein Teil von mir.

Aufgrund einer schwierigen Familiensituation, verursacht durch eine schwere Verletzung meines Vaters, waren Jonathan und ich schon sehr früh in das Haus unserer Großeltern in Ramat Aviv gekommen und dort aufgewachsen. So entstand eine ganz besondere Beziehung zwischen uns. Meine Großeltern brachten so viel Liebe, Verständnis und Geduld für uns auf, daß die Generationsunterschiede bedeutungslos zu sein schienen. Großpapa war mein Vater und mein Großvater zugleich und wurde zur existentiellen Stütze, zum Bezugspunkt meines ganzen Lebens. Er gehörte mir. Ich war seine einzige Enkelin, und er war mein Lebensberater, mein Mentor, mein Vorbild.

Mehr als der Politiker, mehr als der Ministerpräsident von Israel war es deshalb mein Großpapa, der an diesem Abend über den Frieden sprechen sollte, unseren Frieden, seinen Frieden, meinen Frieden. Er sollte meine Bewunderung für ihn hören, ausgedrückt durch Tausende anderer Stimmen. Er sollte wissen, daß alle ihn fast so sehr liebten wie ich – zumindest hoffte ich das.

Nach dem Hochzeitsempfang fuhr Jonathan nach Hause, während ich mich noch mit ein paar Freunden in einem Restaurant traf. In den Cafés, Bars und Restaurants von Tel Aviv herumzusitzen gehört zum beliebten Freizeitvergnügen der Jugendlichen an den Wochenenden. Wir lachten, alberten herum und kümmerten uns nicht besonders um die Probleme dieser Welt.

Ich achtete nicht auf die Uhr, obwohl ich erst noch nach Hause mußte, um mich dort mit Jonathan für die Kundgebung zu treffen. Es war uns wichtig, zusammen hinzugehen und zu sehen, wie unser Großvater, der uns beiden gehörte, zu der Menschenmenge sprach. Es war etwas Besonderes an dieser gemeinsamen Teilnahme, das nur wir beide verstehen konnten.

Vorher wollte ich noch kurz bei meinen Großeltern vorbeischauen. Seit Jonathans Geburtstag vor einer Woche hatte ich sie nicht mehr gesehen, weil an diesem Samstag das übliche Familienmittagessen ausgefallen war. Savta, meine Großmutter, und Saba hatten selbst etwas vor, und wir waren auf der Hochzeit gewesen. Vielleicht konnte ich sie wenigstens schnell umarmen und ihnen einen Kuß geben.

Doch die Zeit wurde knapp, und das Für und Wider abwägend entschied ich, daß es wichtiger wäre, auf die Kundgebung zu gehen, um kollektive Unterstützung für Saba zu demonstrieren, als quer durch Tel Aviv zu hetzen, nur um die beiden schnell persönlich zu begrüßen.

Als ich gegen sechs Uhr zu Hause anlangte, um mich für die Demonstration umzuziehen, lief ich Jonathan in die Arme, der gerade mit Rana aufbrechen wollte. Wir verabredeten, uns bei Rana zu Hause zu treffen und dann zusammen von dort aus zur Kundgebung zu fahren. Ich warf mich in Overall und T-Shirt und gab Mama einen Abschiedskuß. Sie war erst kürzlich operiert worden und konnte leider nicht mitkommen. In einer Menge von Leuten zu stehen, auch wenn es lauter Anhänger sind, ist nicht gerade die beste Erholung von einer Operation. Sie blieb also zu Hause und sah sich die Versammlung im Fernsehen an; ich ging mit Jonathan hin und Avi mit Freunden.

Mama hatte an diesem Nachmittag zweimal mit Großvater telefoniert, was nichts Ungewöhnliches war. Ausländer, die sich in Israel aufhalten, sind oft verblüfft über unsere Telefonsucht. Es gibt Telefone in den meisten Autos, in Taschen, in Handtaschen, und sie klingeln fröhlich in den Restaurants, ohne daß jemand sich dadurch gestört fühlte.

Ich fuhr zu Rana, und zu dritt starteten wir mit drei weiteren Freunden in zwei Autos. Wie üblich donnerte aus dem Radio laute Rockmusik. Ich freute mich auf die Demo. Ich saß mit

Jonathan im selben Auto und achtete nicht weiter auf das, was er redete. Er sagte irgendwas von einem komischen, unguten Gefühl. Es läge etwas in der Luft. Aber wir waren unterwegs zur Kundgebung, hörten gute Musik, was sollte schon schieflaufen? Da Jonathan häufiger etwas melancholisch ist, ignorierte ich es einfach.

Etwa um halb acht kamen wir im Zentrum von Tel Aviv an und parkten in einiger Entfernung vom Platz, hinter dem Tel Aviv Medical Center. Wir ahnten ja nicht, daß wir nur wenige Stunden später zu diesem Krankenhaus zurückkehren sollten.

Tausende von Menschen strömten auf dem Platz zusammen. Es war ein milder Abend, trotz des Novembers. Wir durchquerten einen kleinen Park, um den Weg abzukürzen; als wir über das Gras liefen, lachten wir alle über ein paar blöde Witze. Jonathan schien sein komisches Gefühl vergessen zu haben.

Wir kamen auf die Straße, die zum Platz führt. Die allgemeine Erregung war deutlich zu spüren. Busse brachten Menschen aus dem ganzen Land; die Stimmung war freundlich. Es gab Junge und Alte, Paare mit Kleinkindern auf den Schultern und Teenager, die das Ereignis um keinen Preis verpassen wollten. Während wir weitergingen, lief eine Gruppe von Jungen mit Ansteckern an uns vorüber, auf denen stand: «Mit Rabin zum Frieden!» und «Arbeiterjugend». Ihre Kleidung war buchstäblich übersät mit solchen Buttons und Ansteckern. Sie waren allein, ohne ihre Eltern, deshalb rauchten sie ganz ungeniert. Sie konnten nicht viel älter als zwölf sein, und diese seltsame Mischung aus kindlicher Provokation und politischem Engagement brachte uns alle zum Lachen. Wir würden wohl alt, meinten wir.

Plötzlich erkannten wir ein vertrautes Gesicht. Es war niemand anders als Gidi Gov.

«Was, ihr schon wieder?» meinte er überrascht. «Wow, ihr habt mir schon richtig gefehlt! Bin ich froh, daß ihr auch da seid. Hab euch so lange schon nicht mehr gesehen!»

Nach ein paar kurzen Worten trennten wir uns wieder und folgten der Menge zum Platz. Wir wollten so nahe wie möglich bei der Tribüne stehen. Je näher wir kamen, desto höher schien die Temperatur zu steigen. Ich muß zugeben, daß an dieser Wärme etwas Angenehmes war. Sie war nicht erstickend oder erdrückend wie bei einem Rockkonzert. Sie schien zivilisierter. Die Leute, die zusammengeströmt waren, um ihren Abscheu gegen alle Gewalt auszudrücken, benahmen sich auch entsprechend.

Schließlich begann um acht Uhr Shimon Peres zu sprechen, und ich wußte, nun würde es nicht mehr lange dauern, bis wir die Stimme hören würden, auf die ich wartete. Jetzt war Saba an der Reihe. Die Menge wurde noch aufgeregter. Ich finde keine Worte für das tiefe Glücksgefühl, das mich erfüllte, als ich die Menschen rhythmisch «Rabin! Rabin!» skandieren hörte.

Bei den ersten Sätzen meines Großvaters begann ich hochzuspringen, um wenigstens einen Blick auf ihn zu erhaschen. Aber es war unmöglich. Plakate, Spruchbänder und viel größere Leute als ich blockierten die Sicht auf die ferne Tribüne. Alle meine Anstrengungen waren vergebens. Jonathan bemerkte meine verzweifelten Bemühungen, Saba zu sehen, und hob mich einfach wortlos hoch.

Endlich sah ich Großpapa. Für den Bruchteil einiger Sekunden konnte ich sein gerötetes Gesicht unter den hellen Scheinwerfern sehen, ohne seine Züge wirklich zu erkennen. Das war das letzte Mal, daß ich meinen Großvater lebend sah. Ich wußte nicht, daß der Countdown schon lief und meine Welt kurz vor dem Zusammenbruch stand.

Jonathan ließ mich wieder runter. Die ganze Zeit hallte Großvaters Stimme über den Platz, unterbrochen von enthusiastischem und langanhaltendem Applaus und zustimmenden Zwischenrufen. Er sprach offensichtlich mit bewegter Stimme, doch ich hatte diese Stimme schon so oft gehört, daß ich fast zu wissen glaubte, was er sagen würde. Ich brauchte ihn nicht mehr zu sehen. Es genügte mir, von der Menge umringt, die Gesichter der Menschen zu sehen, wie sie mit hocherhobenen Armen begeistert seinen Worten lauschten.

«Gewalt unterminiert die Fundamente von Israels Demokratie. Sie muß geächtet werden ...»

Seine Stimme sagte alles. Ich war sehr aufgeregt, bewegt und stolz. Mein Magen war ganz verknotet. Stücke seiner Rede, einzelne Satzfetzen, wurden von den Lautsprechern rings um den Platz hin- und hergeworfen. Ein großes weißes Plakat versperrte uns noch immer die Sicht auf die Tribüne, aber das störte uns nicht. Wir konnten den Frieden in der Luft spüren.

«... Frieden ist nicht nur ein Gebet. Er ist wohl in erster Linie ein Gebet, doch er ist auch ein realistisches angestrebtes Ziel des jüdischen Volkes. Aber der Frieden hat Feinde, die versuchen, sich uns in den Weg zu stellen ... Diese Versammlung hier muß den Menschen in Israel und den jüdischen Menschen in der ganzen Welt und vielen im Westen und anderswo verkünden, daß die Menschen in Israel Frieden wollen und für den Frieden eintreten. Ich habe immer geglaubt, daß die meisten Menschen Frieden wollen und bereit sind, dafür auch etwas zu riskieren.»

Er sprach nicht von Politik, nicht von den Verhandlungen oder von den bevorstehenden Wahlen. Jonathan und ich bemerkten das sofort. Wir wunderten uns, daß er diese Bühne, diese breite Zustimmung nicht nutzte, um seine politische Position zu stärken. Wenn ich heute darüber nachdenke, ist es, als hätte er gewußt, daß er bei den nächsten Wahlen keine Rolle mehr spielen würde; als hätte er erkannt, wie gefährlich die Krankheit der Gewalt an der israelischen Gesellschaft fraß. Doch da wir kaum objektiv waren, sahen wir in dieser Rede nur einen Beweis seiner Größe. Er gemahnte die Menschen daran, daß der Frieden viel wichtiger sei als jede Wahl. Für uns war er der Größte.

Als er seine Rede beendet hatte, klatschten wir begeistert Beifall. Für uns war er einfach ein König, so als wäre er soeben durch dieses Ereignis gekrönt worden. Und jetzt wurde er durch die lebhafte, herzliche Reaktion der Menge akklamiert. Er spürte, daß er von allen Seiten Zustimmung erhielt.

Da ich ihn kenne, glaube ich zu wissen, daß ihm das auch ein wenig Unbehagen verursachte. Er war ein zurückhaltender Mensch, in mancher Hinsicht schüchtern. Paraden und Zeremonien mochte er nicht. Selten zeigte er sich auf so großen öffentlichen Versammlungen. Doch an jenem Abend stand er nach seiner Rede neben Shimon Peres und der bekannten Sängerin Miri Aloni, um das Friedenslied zu singen. Es war sicher nicht leicht für ihn, und wahrscheinlich gab er sich größte Mühe, nicht falsch zu singen. Singen und Tanzen mochte er überhaupt nicht. Das sei für ihn die schlimmste Strafe, behauptete er.

Diesmal hatte ich selbst mitten in der Menge auf dem Platz gestanden. So viele Male vorher hatte ich ihn bei solchen Anlässen aus der Nähe gesehen, nur auf dem Fernsehschirm. Später, als ich mit Tränen in den Augen die Fernsehbilder von der Kundgebung ansah, konnte ich fast seine Kopfbewegungen sehen, als gäbe er sich die größte Mühe, den Takt zu halten und richtig zu singen. Hätte ich nur für ihn singen können.

Als der nächste Redner zum Mikrophon ging, beschlossen wir

zu gehen. In der Menge war es so stickig, daß man kaum noch Luft kriegte. Wir frotzelten noch, sie hätten die Teilnehmer der Demo wahrscheinlich schon gezählt und deshalb könnten wir jetzt ruhig nach Hause gehen, ohne die Statistik zu ruinieren. Es sollen über 200000 Menschen an diesem Abend auf der Kundgebung gewesen sein. Wir blieben an einem Kiosk stehen, um noch schnell etwas zu trinken. Alle Straßen waren für den Verkehr gesperrt und vollgestopft mit Menschen. Es berührte mich sehr, daß diese Welle der Zuneigung für Rabin auch meinem Saba galt. Es ist etwas Besonderes, mit jemandem vertraut zu sein, den andere Menschen nur vom Fernsehen her kennen. In diesem Fall fühlte ich mich geehrt, da all diese Menschen den einen liebten, der so sehr mir gehörte. Es mag seltsam erscheinen, doch an diesem Abend liebte ich alle auf dem Platz. Das ist eigentlich nicht meine Art und gar nicht typisch für mein eher kritisches und gelegentlich sarkastisches Naturell. An diesem Abend aber erschienen mir alle Menschen wunderbar. Es herrschte eine Art grenzenloser Euphorie, ein Gefühl des Sieges, fast wie am Abend eines Wahltags.

Es gab noch eine Frau, die all das ähnlich empfand wie ich. Sie hatte mit leuchtenden Augen und mit Stolz im Gesicht neben Saba auf der Tribüne gestanden. Diese Frau ist meine Großmutter, meine Savta, Leah.

Wir gingen zum Auto und sahen unterwegs noch weitere vertraute Gesichter. Durch einen merkwürdigen Zufall trafen wir lauter Freunde meiner Großeltern.

Wir riefen Mama an und berichteten ihr, alles wäre wunderbar gelaufen. Ich muß das Wort «wunderbar» wohl zehnmal gebraucht haben. Und zehnmal erwähnte ich Großpapa.

Jonathan und ich fuhren, jeder für sich, mit unseren Autos nach Hause. Ich hörte Musik, hatte aber nicht das Radio eingeschaltet, deshalb bekam ich auch nicht mit, daß gerade auf meinen Großvater geschossen worden war. Es könnte sein, daß wir beide in ebendem Moment, als er niedergeschossen wurde, gelacht und Witze gemacht haben – ich sage, es «könnte» sein, denn ich möchte lieber glauben, daß es nicht so gewesen ist.

Ich fuhr hinter Jonathan her. An einer der letzten Kreuzungen kam er gerade noch bei Grün über die Ampel, während ich bei Rot stoppen mußte. Sein Wagen stand schon vor dem Haus, als ich ankam. Ich parkte, lief zur Haustür und wollte eben meinen Schlüssel ins Schloß stecken, da ging die Tür auf. Jonathan stand zitternd vor mir, weiß wie ein Laken. Avi, mein Stiefvater, stand neben ihm, auch er kreidebleich.

«Schscht . . .», machte einer von den beiden.

Ich hatte keine Ahnung, was los war, nur undeutlich hörte ich die Stimme meiner Mutter. Sie war am Telefon im Wohnzimmer und sagte leise irgend etwas. Ich stand wie erstarrt in der Haustür und sah die beiden zitternden Männer an. Avi trug noch den Demo-Button «Ja zum Frieden. Nein zur Gewalt». Dann sagte Jonathan, aber vielleicht war es auch Avi:

«Sie haben auf Saba geschossen.»

Dieser Augenblick wird auf ewig in meinem Gedächtnis bleiben.

Unwillkürlich fragte ich: «Was?»

Ich hatte sehr wohl gehört, was gesagt worden war – und wollte doch glauben, daß es nicht wahr war.

Ohne ein weiteres Wort rannte ich die Treppe rauf und zog mir einen Pullover über. Ich wußte nicht, was ich tat. Die Gedanken in meinem Kopf überschlugen sich.

«Das kann nicht sein . . . Es ist nichts passiert . . . nein, ihm ist nichts passiert . . . er ist nur am Bein verletzt . . . das wird ein langer Abend für uns ... wir werden alle an seinem Bett sitzen ... Er wird lächeln ... Es ist nichts passiert, er ist okay.»

Meine Mutter legte den Hörer auf. Sie lief nach oben in ihr Zimmer, und während sie sich die Schuhe zuband, gab sie in abgerissenen Sätzen von sich, was sie erfahren hatte.

«Auf Saba ist geschossen worden ... Savta hat vom Shabak aus angerufen ... Man hat ihr gesagt, es wäre eine verirrte Kugel gewesen ... sie glaubt es nicht ... Wir müssen sofort hin ... Saba ist nicht dort ... wir wissen nicht, wo er ist.»

Wenige Augenblicke später saßen wir alle im Auto. Kein Wort fiel. Avi saß am Steuer, er fuhr sehr schnell, raste bei Rot über Kreuzungen. Mama und Jonathan schluchzten. Ich versuchte mir einzureden, daß das, was wir gehört hatten, einfach nicht stimmte. Mir klapperten die Zähne, und ich konnte nichts dagegen tun. Ich konnte nicht weinen. Mir fällt es oft schwer zu weinen. Die Tränen kommen mir eher, wenn ich nervös bin, nicht wenn Schmerz mich überwältigt. Und genau das geschah im Auto. Ich zitterte am ganzen Leib und versuchte, mir immer wieder zu sagen:

«Es ist nichts passiert, es ist nichts passiert.»

Von der Welt draußen nahm ich nichts wahr außer Dunkelheit und die Verkehrsampeln, die wir passierten. Ich ertappte mich dabei, daß ich mich an Gott wandte, ihn anflehte: Mach, daß Saba okay ist.

Wir trafen beim Shabak, dem Sicherheitsdienst, ein. Jemand sagte uns, Großmama sei schon zum Krankenhaus gefahren. Später erfuhren wir, daß Großvater, gleich nach den Schüssen, vom Versammlungsplatz direkt zum Krankenhaus gebracht worden war. Zu der Konfusion war es gekommen, weil sein Fahrer, der so schnell wie irgend möglich das Krankenhaus erreichen wollte, das Autotelefon nicht abgenommen hatte. Avi wendete und wir rasten weiter.

Unterwegs machten wir das Radio an und hörten die Ankündigung der Nachrichten: «Auf Ministerpräsident Jitzhak Rabin ist heute abend geschossen worden.» Das Radio wurde gleich wieder ausgestellt, nur Schluchzen war in der Stille zu hören. Noch immer konnte ich nicht weinen.

Vor dem Krankenhaus hatten sich schon Tausende von Menschen versammelt. Jonathan stieg aus. Er sagte den Sicherheitsbeamten am Tor, wer wir waren, und bat sie, uns passieren zu lassen. In diesem Augenblick, als die Autotür offenstand, erkannte jemand meine Mutter, und ein Fotoreporter hielt seine Kamera ins Auto, direkt auf mich. Ich war wütend und verletzt. An einen gewissen Voyeurismus der Leute, der mit Großvaters Berühmtheit zusammenhing, hatte ich mich zwar gewöhnt, aber war das jetzt wirklich nötig? In einem solchen Moment die Kamera auf mich zu halten hatte etwas Unmenschliches, etwas Böses.

Mama und ich liefen zum Krankenhauseingang, während Avi und Jonathan den Wagen abstellten. Uns war gesagt worden, daß Großvater in der Intensivstation im Keller behandelt werde, also rannten wir in das Gebäude und zum Fahrstuhl. Vor dem Fahrstuhl stand ein Sicherheitsbeamter, der uns nicht durchließ. Er wußte nicht, wer wir waren.

«Sie können den Fahrstuhl nicht benutzen», sagte er. «Sie dürfen sich hier nicht aufhalten.»

Mama begann zu argumentieren, sie flehte ihn an und gab es schließlich auf, um sich nach einem anderen Zugang umzusehen, einer Tür, einem Weg hinunter zu Großvater. Das war zuviel für mich, ich verlor die Nerven vor Hilflosigkeit und Verzweiflung. Und ich schrie: «Ist denn niemand vom Sicherheitsdienst hier? Helfen Sie uns! Sagen Sie dem Mann, er soll uns durchlassen.»

Es dauerte ungefähr drei Minuten, die mir aber wie eine

Ewigkeit vorkamen, bis jemand kam. Den Sicherheitsbeamten traf eigentlich keine Schuld. Er erkannte uns nicht. Er hatte nichts gegen uns, er hielt sich nur an seine Instruktionen. Aber seine Sturheit war wie ein Alptraum. Ich war drauf und dran, ihn zu schlagen. Ich wollte herausschreien, daß mein Großvater da unten ohne uns sei, daß uns allen ein großes Unglück zugestoßen sei, und niemand dürfe uns daran hindern, zu ihm zu eilen. Es gehe schließlich um meinen Großvater, um Gottes willen, meinen Großvater!

Endlich erkannte uns jemand vom Sicherheitsdienst und überredete den Sicherheitsbeamten, uns passieren zu lassen. Inzwischen waren Jonathan und Avi zu uns gestoßen, und zu viert drängten wir uns in den Fahrstuhl und fuhren nach unten.

Im Keller führte ein langer Korridor zum OP. Schon von weitem sahen wir Großmama im Warteraum sitzen, und Mama und Avi liefen zu ihr. Jonathan und ich blieben zurück in dem langen Korridor, hielten uns umschlungen, versuchten wieder zu Atem zu kommen, unsere Fassung wiederzugewinnen, damit Savta uns nicht in diesem aufgelösten Zustand sah. Ich weiß noch, daß wir uns auf den Boden kauerten, mit dem Rücken an der Wand, unmittelbar vor dem Warteraum, und einander wie verschreckte Kinder an den Händen hielten.

Plötzlich ging eine Frau, vielleicht eine Krankenschwester, direkt an uns vorbei und sagte zu irgend jemandem mit lauter Stimme: «Sein Zustand ist sehr ernst, aber die Familie weiß es noch nicht.»

Dieser Satz traf uns, als wäre ein ganzes Gebäude über uns zusammengestürzt. Ähnlich wie der Fotograf draußen vor dem Krankenhaus legte auch diese Frau einen unglaublichen Mangel an Rücksicht an den Tag.

Danach war uns, als wären wir in einen langen schwarzen Tunnel getreten.

Wir gingen in den kleinen Warteraum, wo Großmama auf einem der drei Feldbetten saß. Es war ein kalter, seelenloser, ungemütlicher Raum. Er enthielt außer den Betten einen Tisch mit Kunststoffplatte und einen Stahlschrank. Kein Waschbekken, kein Telefon, kein Fenster, keine Klimaanlage.

Bald begann sich der Raum mit Menschen zu füllen. Es waren hauptsächlich Kollegen von Großvater und seine politischen Freunde: Präsident Ezer Weizman, Außenminister Shimon Peres, Amnon Shakak, der Stabschef der israelischen Verteidigungskräfte, Shimon Sheves, einer von Sabas Mitarbeitern und loyalsten Freunden, Ethan Haber, Sabas langjähriger persönlicher Referent, der stellvertretende Erziehungsminister, der Minister für Arbeit und Wohlfahrt – und viele andere, die kamen und gingen.

Die Luft in dem kleinen Raum wurde langsam feucht und stickig.

Ich hörte jemanden sagen: «Zwei Kugeln haben ihn getroffen – eine an der Wirbelsäule, die andere in die Brust.»

Rings um mich herum sah ich erschrockene Gesichter und gerötete Augen. Savta und Mama und Jonathan weinten. Jonathan war in einem schrecklichen Zustand. Er war am Rande eines Nervenzusammenbruchs, hatte sich nicht mehr in der Gewalt. Avi und ich versuchten, ihn zu beruhigen.

Für einen Moment kam Hoffnung auf, als der ärztliche Leiter des Krankenhauses, Professor Gabbi Barabash, in dem Warteraum erschien, leichenblaß im Gesicht. Er berichtete uns, daß Großpapas Blutdruck und Puls sich stabilisiert hätten, nachdem man ihm etliche Blutkonserven übertragen habe. Savta fragte, ob das ein gutes Zeichen sei. Der Doktor sagte, es sei ein Fortschritt, aber Großvater sei immer noch in Lebensgefahr. Savta klammerte sich an dieses Hoffnungszeichen, mir hingegen erschien der Doktor wie ein Todesengel. Ich konnte seinem

Gesicht ablesen, daß Saba kaum Chancen hatte, es zu schaffen. Ich forschte in seinen Zügen, seiner Mimik, seinen Worten und fand nichts, was mich beruhigt hätte.

Ora Namir, der Minister für Arbeit und Wohlfahrt, redete auf Savta ein. Saba sei ein Held. Ich fand keinen Trost in dieser Vorstellung. In meinen Augen war Saba immer ein Held gewesen – aber dies war nicht der Augenblick für Heldentum. Diese Art Heldentum, das wußte ich, konnte ihm nicht mehr helfen. Ich empfand nur panische Angst, Unruhe, Verzweiflung.

Savta hatte einen Schwächeanfall. Ihre Tränen hinterließen schwarze Make-up-Flecken auf ihren Wangen. Sie mußte etwas trinken, aber wir fanden nirgendwo Wasser. Ich hatte Angst um sie. Sie konnte nicht aufhören zu weinen. Sie sprach immer wieder zu ihrem Abale, ihrem Papa, wie sie ihren Mann immer genannt hatte. Er nannte sie Sapta; es war seine besondere Art, Savta auszusprechen. Nie haben sie einander mit Leah oder Jitzhak angeredet, außer in der Öffentlichkeit. Sie nannten einander immer Abale und Sapta, Papa und Oma.

Sie sprach jetzt laut zu ihm und stellte immer wieder dieselbe Frage:

«Warum haben sie auf dich geschossen, Abale? Warum nicht auf mich?»

Wir wußten nicht, was wir ihr sagen sollten. Vielleicht weil es nichts zu sagen gab. Und es gab kein Wasser und immer noch kein Telefon.

Spät erst kam Onkel Yuval dazu. Er war nach der Versammlung zu Freunden gegangen. Dort hatte er in den Fernsehnachrichten von den Schüssen auf Saba gehört. In der gleichen Sendung war eine Frau interviewt worden, die behauptete, Großpapa sei nicht in Lebensgefahr. Onkel Yuval aber war seinem Instinkt gefolgt und ins Krankenhaus gefahren. Rachel, die Schwester meines Großvaters, die in einem Kibbuz in

Manara im Oberen Galiläa lebte, hatte die Nachricht gehört und sich sofort auf die vierstündige Fahrt nach Tel Aviv gemacht. Auch Onkel Yuvals Frau, Eilat, und Michael, mein Cousin, waren gekommen.

Schließlich schloß irgend jemand ein Telefon in dem Raum an: Präsident Clinton rief an und versicherte uns seines Beistands.

Ich wollte nicht länger in diesem überfüllten Zimmer bleiben. Ich wollte nicht die schreckliche Nachricht hören. Ich wollte nicht Professor Barabashs hilflosen Gesichtsausdruck sehen. Vor allem aber wollte ich Savtas Gesicht nicht sehen, wenn ihr mitgeteilt wurde, daß Saba von uns gegangen sei.

Ich ging hinaus in den Korridor und setzte mich draußen vor dem Warteraum auf den Fußboden, die Arme um die Knie geschlungen, den Rücken an der Wand. Am anderen Ende des Korridors, gleich neben dem OP, fanden sich immer mehr Leute ein. Die gesamte Regierungsmannschaft schien gekommen zu sein, dazu die Mitglieder der Knesset und die Generäle der Armee. Alles kam mir so unwirklich vor. Die Umgebung, die Menschen, die Worte, die gesagt wurden. Ich weiß nicht mehr, was ich gedacht habe oder ob ich überhaupt irgend etwas gedacht habe. Mein Großvater schwebte in Lebensgefahr, ich hatte Angst, daß er sterben würde, aber ich begriff nichts mehr. Ich war vom Warten, von der Anspannung, von all der Verwirrung wie gelähmt.

Dann kam der Augenblick: Shimon Sheves beugte sich sanft zu mir herunter und flüsterte: «Noa, er ist eingeschlafen.»

Das war der Moment, in dem ich endgültig zusammenbrach. Ich hatte gewußt, daß die Nachricht kommen würde, und hatte doch so verzweifelt gehofft, sie nicht hören zu müssen. Erst jetzt weinte ich, zum erstenmal an diesem Abend.

Meistens erleichtern Tränen den Schmerz, aber dieses Weinen schmerzte und linderte nicht. Karin, meine Stiefschwester, und David, ihr Freund, kamen, und ich rannte Karin entgegen. Weinend hielten wir uns in den Armen.

Irgend jemand zog eine Packung Zigaretten aus der Tasche, und wir alle fingen an zu rauchen, sogar Avi, der vor zwei Jahren aufgehört hatte zu rauchen. Auch ich zündete mir eine an, obwohl ich in Gegenwart meiner Großeltern, oder wenn Avi dabei war, nie geraucht hatte. Ich war Noale, die kleine Enkeltochter – und kleine Enkeltöchter rauchen nicht. Aber plötzlich war ich nicht mehr die kleine Enkeltochter.

So standen wir alle rauchend da, Avi, Shlomo Segev, unser Hausarzt, bei dessen Hochzeitsempfang wir am Nachmittag gewesen waren, Yossi Genossar, Sabas Berater, ein ehemaliger Shabak-Mann und ein enger Freund der Familie.

Yehezkel Sharabi, einer von Sabas festangestellten Fahrern, der dreißig Jahre für ihn gearbeitet hatte, aber an diesem Abend keinen Dienst gehabt hatte, saß allein in einer Ecke und schluchzte sich das Herz aus dem Leib. Er brachte es nicht über sich, auch nur ein Wort an diesem Abend mit Savta zu sprechen.

Großmama saß wie ein Häufchen Elend auf einem der Betten im Warteraum.

«Ich kann dich doch nicht hierlassen und ohne dich nach Hause gehen, mein armer Abale», sagte sie ein ums andere Mal.

Sie empfand keinerlei Mitleid mit sich selbst. Sie war seinetwegen traurig, es brach ihr das Herz, daß sein Leben so jäh beendet worden war. Der Doktor zögerte, ehe er uns zu Großpapa ließ. Er sagte, es sei «zu schwierig» und «zu hart». Wir gaben nicht nach. Wir waren wie erstarrt. Der Schock hatte uns in einen Zustand versetzt, in dem wir nicht wußten, was wir mit uns anfangen sollten. Wir konnten nicht glauben, daß der

Held uns wirklich verlassen hatte. Wir mußten ihn sehen, damit wir wenigstens versuchen konnten zu verstehen.

Großmama ging als erste, begleitet von Mama und Onkel Yuval. Avi, Tante Eilat und mein Cousin Michael folgten. Nach ihnen gingen Jonathan und ich hinein. Es war schrecklich kalt in dem Raum.

Großpapa lag auf einem Operationstisch, zugedeckt mit einem Laken oder einer Decke, ich kann mich nicht mehr erinnern. Ich konnte nur sein Gesicht sehen und seine Schultern. Sabas Gesicht war noch gerötet. Es trug noch die Farben des Lebens. Ich trat näher heran, um sein Gesicht zu küssen, aber die Haut war kalt. Nie werde ich diese Kälte vergessen, das Gefühl an meinen Lippen. Mein Großvater, dessen Haut immer glatt und warm gewesen war, lag da ohne Leben. Ich werde mich immer an das charakteristische halbe Lächeln erinnern, das seine Lippen umspielte und nun erstarrt war in seinem Gesicht – das besondere Lächeln, das ich so gut kannte. An diesem Ort küßte ich ihn zum letztenmal, in den linken Winkel seines lächelnden Mundes.

Wir standen in dem eisigen OP und starrten auf Sabas Lächeln. Wir konnten nicht gehen, wir konnten nicht bleiben. Efraim Sneh, der Gesundheitsminister, betrat den Raum und beugte sich über Großpapas Leichnam – er schluchzte aus tiefster Seele. Auch dies ist ein Bild, das mir immer bleiben wird. Nie zuvor hatte ich einen Erwachsenen so weinen sehen. So viel Schmerz an einem einzigen Abend.

«Sie» hatten mir meinen Helden genommen. Für mich war der Mörder, waren die Mörder «sie». Ich fragte nicht: «Wer?» oder «Warum?» Irgend jemand muß mir später erzählt haben oder ich hörte es zufällig, daß ein Jude es getan hatte, einer von den Unseren. Aber «er» oder «sie» oder «es» – was änderte das? Ich war längst jenseits der Welt des Mörders. Er war das Pro-

(Foto © Amir Weinberg)

dukt eines wohlfunktionierenden System des Hasses. Er war nur eine Waffe – es war unwichtig, wer er war.

Meine eigene private Welt war zusammengebrochen. Das Wichtigste war, daß ich mich auf meinen eigenen Verlust, meinen eigenen Schmerz konzentrierte. Es war zu früh für mich, um an den Mörder zu denken, Haß zu empfinden, nach Schuld und Verantwortung zu fragen. Jede menschliche Haltung gegenüber dem Mörder schien mir den Vergleich zwischen ihm und Saba heraufzubeschwören. Ich hatte keinen Platz dafür.

Saba glaubte an den alten Spruch: «Alle Israelis sind Freunde.» Er glaubte das auf die gleiche Art und Weise, wie er Frieden als eine Form von Vertrauen betrachtete. Doch nun hatte ich das Gefühl, daß Sabas Vertrauen irgendwie danebengelegen hätte. Ich sah überhaupt nicht ein, warum er den Preis für den Frieden mit seinem Leben bezahlen sollte. Held der Nation oder nicht, für mich würde er immer mein Held sein und bleiben. Und ich wollte einen lebenden Helden.

Immer wieder hatte er zu mir gesagt: «Mir wird nichts passieren, Noale, ich verspreche es dir.» Später sollte Mama sagen: Es ist das erste und einzige Mal in fünfundvierzig Jahren, daß Großpapa ein Versprechen nicht gehalten hat.

Aber es war nicht er, sondern ein anderer, der Großpapas Versprechen gebrochen hatte. Mein Saba war tot.

Wir mußten im Keller des Krankenhauses warten, bis die Polizei eine Sicherheitseskorte vorbereitet hatte. Sabas Dienstwagen stand nicht zur Verfügung, er war von seinem Blut durchtränkt. Das Warten verlängerte noch den Alptraum. Wir hatten genug erlebt. Wir wollten fort, und doch war es undenkbar, ohne ihn nach Hause zu fahren. Savta konnte den Gedanken daran nicht ertragen. Immer wieder sagte sie, gemeinsam hätten sie ihr Haus verlassen, und nun müsse sie allein zurückkehren.

Wir verließen das Krankenhaus mit einem Wagenkonvoi, begleitet von einer Eskorte mit kreischenden Sirenen, ein Aufwand, der nun keinen Sinn mehr machte. Es gab keinen Grund mehr zur Eile.

Draußen vor dem Krankenhaus standen Scharen von Menschen, sie standen schweigend da, viele hielten Kerzen. Traurig flackerten die Flämmchen durch die Nacht von Tel Aviv.

Es war das erste Mal, daß wir von einer Eskorte begleitet wurden. Man hatte sich in unserer Familie nie groß Gedanken um Sicherheit gemacht. Und Großpapa hatte sich nie darum gesorgt. Er hatte nie eine schußsichere Weste getragen. Er kannte keine Furcht. Er war Soldat, und die Angst hatte er in lange zurückliegenden Jahren gebändigt.

Auch vor dem Wohnblock, in dem meine Großeltern lebten, hatte sich eine Menschenmenge versammelt. Jetzt plötzlich drehte sich alles um Sicherheit: der Menge wegen mußten wir das Gebäude durch den Raum betreten, in dem der Müll gesammelt wurde. Ein trauriger und irgendwie symbolischer Einzug. Still betraten wir die Wohnung. Savta setzte sich in einen Sessel. Sie konnte nicht aufhören, zu Saba zu sprechen, über Saba zu reden. Und wieder fragte sie: «Warum du und nicht ich? Warum haben sie dir das angetan, Abale? Mein armer Abale!»

Bald war die Wohnung voller Menschen, aber ich nahm alles wie durch dichten Nebel wahr. Ich kann mich kaum noch an etwas erinnern. Wer waren die Leute? Wieviel Uhr war es inzwischen? Unwichtige Fragen. Ich war wie benommen. Alles war bedeutungslos geworden.

Wir wollten die Nacht über beieinanderbleiben. Wir hatten schon eine Trennung hinter uns – die schwierigste, die im

Krankenhaus. Jetzt mußten wir beieinander bleiben. Wir wagten nicht, uns zu trennen. Wir wollten in Großpapas Wohnung übernachten. Der Schmerz hielt uns zusammen, Großmama, Mama und mich. Verzweifelt versuchten wir die Leere zu füllen, die Großvaters Tod in uns hinterlassen hatte.

Ich wurde losgeschickt, um zu Hause, in Herzliya, ein paar Sachen für meine Mutter und mich zu holen. Ich verließ Sabas Wohnung. Ich ging an einem Meer wogender Kerzenflammen vorbei und stieg mit Sami, Avis Fahrer, und einem Sicherheitsbeamten in einen Wagen. Ich mit einer Sicherheitseskorte? Mein Leben hatte sich verändert.

Als ich nach Hause kam, stand eine einsame brennende Kerze auf der Gartenmauer. Jemand hatte sie dort für Großpapa hingestellt. Auch hier wußten die Leute, was ihm zugestoßen war. Die ganze Welt wußte, daß Israels Ministerpräsident ermordet worden war. Aber wußte die ganze Welt auch, daß Noa ihren Großvater verloren hatte?

Ich rief Sharon an, meine beste Freundin. Wir konnten beide nicht sprechen. Wir weinten nur. Es gab keine Worte.

Auf dem Rückweg sah ich in Tel Aviv wieder große Mengen Trauernder, aber mein Kopf war immer noch umnebelt.

In den frühen Morgenstunden verließen endlich alle die Wohnung meiner Großeltern. Wir brachten Großmama zu Bett. Sie stand noch immer unter Schock, weinte und murmelte seufzend vor sich hin. Aber selbst in dieser Situation fragte sie nach ihrem Gesichtswasser und ihrer Nachtcreme. Das war typisch für Großmama: Nie vergaß sie, alles so zu tun, wie es seine Ordnung hatte. Wäre Saba dagewesen, er hätte sie bestimmt geneckt. Er sagte gern, ihre penible Art sei ein Erbe ihrer deutschen Vorfahren. Aber Saba war nicht mehr da, er konnte nicht mehr scherzen.

In dieser Nacht schliefen Mama und ich bei Großmama im

Bett. Ich habe dieses Bett immer geliebt, schon als ich klein war, es kam mir so riesig vor. Wir hatten oft dort beieinander geschlafen. Und nun, in dieser Trauernacht, lagen drei Generationen von Sabas Frauen Seite an Seite darin.

Die ganze Nacht hindurch wurde im Fernsehen dokumentarisches Material gezeigt: Bilder von der Unterzeichnung der Friedensverträge, Auszüge aus Interviews, die Großvater gegeben hatte.

Ich hörte von Kindern, die zu ihren Eltern sagten, als sie diese Bilder sahen:

«Sieh mal, Rabin ist gar nicht tot. Da ist er! Man kann ihn sehen. Er ist wieder da. Es war alles gelogen.»

Und während ich zwischen Savta und Mama lag, sagte ich im stillen zu meinem Großvater fast das gleiche.

«Ich verspreche dir: Wenn du mir sagst, daß alles nur ein schlechter Scherz war und daß du zurückkommst, dann werde ich auch niemandem Vorwürfe machen.»

Mit den Augen einer Enkeltochter

Frühe Erinnerungen

Ich erhebe nicht den Anspruch, ein Historiker zu sein, der Ereignisse mit einem gewissen Maß an sogenannter Objektivität bewertet. Dies ist ein persönliches Erinnerungsbuch, und ich habe Ereignisse aus meiner eigenen Sicht dargestellt, so wie sie mir aufgedrängt wurde durch die Rolle, die ich bei diesen Ereignissen spielte.»

So beginnen die Memoiren meines Großvaters, die 1979 veröffentlicht wurden. Ich habe mir diese Aussage zu eigen gemacht, und Großpapas Worte trösten mich. Ich bin achtzehn, und Begriffe wie «absolute Objektivität» und «gewichtige historische Wahrheiten» sind mir zu gewaltig. Ich kann meinen Großvater nur so beschreiben, wie ich ihn gesehen habe – mit den Augen einer Enkeltochter, voller Liebe, aus der Intimität und den vielen Gefühlen heraus, die wir miteinander teilten.

Ich kann nicht all die Fragen beantworten, die mir jetzt gestellt werden, nicht einmal die, die ich mir selber stelle. Ich möchte mich nicht mit Was-wäre-wenn-Fragen beschäftigen. Saba haßte derartige Spekulationen. Er sagte immer: Man sollte sich der Realität stellen, so wie sie ist, und auf ihre Herausforderungen reagieren. Ich habe etwas von einer Fatalistin und halte es für richtig, jede Realität zu akzeptieren, die ich nicht verändern kann. Meine Einstellung gegenüber Großpapas Ermordung und dem unermeßlichen Verlust, den ich empfinde, entspricht dieser Haltung. Es ist eine Realität, mit der ich jetzt fertig werden muß, ob ich will oder nicht. Was-wäre-wenn-Fragen sind bedeutungslos.

Seit seinem Tod sind meine Erinnerungen an ihn verzerrt durch Schmerz und Kummer. Ich bringe in meinen Gedanken durcheinander, was er mir, seiner kleinen Noale, erzählt hat und was ich in Büchern und Zeitungen über ihn las. Es fällt mir schwer zu unterscheiden, was ich vor seinem Tod über ihn wußte, und was ich danach erfuhr. Szenen, die ich plötzlich vor mir sehe, erinnern mich daran, wie er war, erinnern mich daran, wie ich ihn kannte. Dann sind da die letzten Bilder – von der Friedenskundgebung, von seiner Ermordung –, bei denen mich Tränen und Traurigkeit überwältigen. Freude und Verzweiflung sind nun immer dicht beieinander, genau wie an jenem schrecklichen letzten Samstag, der so gut begann und so böse endete.

Ich wünschte, ich könnte meinem Gedächtnis für immer und bis in ihre letzten Einzelheiten die kostbaren letzten Momente einbrennen, die ich mit ihm verbrachte. Normalerweise habe ich ein gutes Gedächtnis, aber während der ganzen traditionellen dreißigtägigen Trauerzeit war ich wie in Trance. Ich konnte mich nicht konzentrieren. Dann, nach einer Weile, kehrte eine bestimmte Erinnerung, die für mich große symbolische Bedeutung hat, zu mir zurück. Mit Hilfe eines Kalenders war ich in der Lage, sie präzise zu datieren.

Wir waren am Samstag vor seinem Tod zusammen. Die Familie hatte sich am 28. Oktober 1995 bei meinen Großeltern in Tel Aviv zum Mittagessen versammelt, um Jonathans einundzwanzigsten Geburtstag zu feiern, der tags zuvor gewesen war. Es war ein ganz normales Mittagessen im engsten Familienkreis. Wir saßen an dem großen Eßtisch, sprachen über Politik und überlegten, was Jonathan wohl tun würde, wenn im Dezember sein Militärdienst endete.

Großpapa erzählte uns von seiner Reise nach New York, nur eine Woche zuvor, zu den Feierlichkeiten des fünfzigjährigen Bestehens der Vereinten Nationen. Es war eine hektische Reise gewesen, ein offizielles Ereignis jagte das andere. Sein Terminplan war so eng, daß er nicht einmal Zeit hatte, sich zwischendurch umzuziehen. Er war zu einem Galadinner im Straßenanzug erschienen, während das Protokoll verlangte, daß er einen Smoking trug. Aber es war ihm wichtiger, die vorgesehenen Begegnungen wahrzunehmen, selbst wenn er in seinem Aufzug etwas fehl am Platz wirkte. Das war typisch für ihn: Er war immer mehr an der Sache als an äußeren Formen interessiert.

Kurz vor dem Essen, so erzählte er, erschien zu seiner Rettung ein Mitarbeiter von Präsident Clinton mit einer Fliege, die er zu seinem Straßenanzug tragen konnte. Aber die Fliege war zu lang, und obwohl Saba sich alle Mühe gab, sie ordentlich zu binden, stand immer ein kleines Ende ab. Also kam Präsident Clinton ihm höchstpersönlich zu Hilfe, ließ sich eine Schere geben und schnitt das lose Ende ab. Wir alle brüllten vor Lachen, und Saba genoß das Erzählen sichtlich, wenn auch mit einer gewissen Verlegenheit. Das war typisch für ihn, er konnte nie die ihm eigene Schüchternheit abstreifen und errötete sogar leicht. Trotz aller Erfahrungen in der Welt der Politik, trotz aller Aufmerksamkeit, die ihm von den Medien zuteil wurde – sein ganzes Leben lang war ihm in der Öffentlichkeit immer eine Spur unbehaglich zumute gewesen.

Savta zog ihn manchmal damit auf. Und sie ergänzte Sabas Geschichte, indem sie zum besten gab, wie Großpapa während derselben Reise einen Raum betreten hatte, in dem Staatsmänner aus aller Welt versammelt waren. Wie es seine Gewohnheit war, hielt er sich im Hintergrund, um sich niemandem aufzudrängen. Aber nach nur wenigen Minuten war die Ecke, in der er stand, der Mittelpunkt des Geschehens geworden. Für jeden Außenstehenden war es klar, daß alle ihn gern treffen und sprechen wollten, aber Saba war immer überrascht.

Nach dem Essen gingen wir in die sogenannte Fernsehecke, die eigentlich ein Teil von Sabas Arbeitszimmer ist. Der Raum enthält seine große Bibliothek, die mehr oder weniger nach Themen geordnet ist. Savta war immer bemüht, etwas Ordnung in Sabas Bücher zu bringen. Sie hatte damit wenig Erfolg, gab den Versuch aber nie auf.

In einem der Regale lagen einige Exemplare seiner 1979 erschienenen Memoiren. Ich weiß nicht, warum es mir gerade in diesem Augenblick einfiel, aber mir wurde plötzlich bewußt, daß ich noch kein Exemplar seines Buches besaß. Das einzige Exemplar, das bei uns zu Hause lag, hatten Jonathan und ich als Kinder beim Spielen zerfetzt. Damals, als das Buch erschienen war, hatten wir uns nur für die Bilder darin interessiert. George, unser Pudel, hatte das Werk vollendet, indem er das Buch in Teile zerbiß – vermutlich versprach er sich irgendeine intellektuelle Befriedigung davon.

Saba streckte die Hand nach dem Regal aus, ergriff ein Exemplar und widmete es mir:

«Für Noale, in Liebe, Saba.»

Das war genau eine Woche vor seiner Ermordung gewesen. Es war das letzte Mal, daß ich bei ihm war, das letzte Mal, daß ich ihn umarmen und necken konnte, das letzte Mal, daß wir als Familie alle beieinander waren. Und als hätte es so sein sollen, fragte ich gerade dieses Mal nach seinen Memoiren.

Jitzhak Rabin und Noa (Foto © Angeli Agency)

Unsere Familie hält zusammen und ist für uns alle immer eine Kraftquelle gewesen. Im Scherz sagten wir manchmal, wir wären wie eine sizilianische Mafiafamilie. Wir sind krisenerprobt und haben uns als Familie immer zu helfen gewußt. Ein Beispiel ist meine Geburt. Als meine Mutter mit mir schwanger war, erlitt mein Vater, der Berufsoffizier mit Aussicht auf eine glanzvolle Karriere war, bei einer Patrouille während eines Manövers in der Wüste Sinai einen schweren Unfall. Und in den Wochen vor und nach meiner Geburt stand Großpapa im politischen Kreuzfeuer wegen des sogenannten Bankkonten-Skandals. Willkommen in der Welt, Noa! Was für ein Timing! Und doch, trotz aller Turbulenzen hatte ich niemals das Gefühl, daß ich zu kurz kam, was Liebe, Aufmerksamkeit und Verständnis betraf.

Ich bin in Tel Aviv geboren, am 20. März 1977, und zwei Wochen darauf erklärte Saba seinen Rücktritt als Ministerpräsident. Was ihn dazu bewogen hatte, war ein altes ausländisches Bankkonto, das meine Großeltern gemeinsam hatten, als Saba von 1968 bis 1973 als Israels Botschafter in den Vereinigten Staaten diente. Das Konto lautete auf Savtas Namen, da sie sich seit eh und je um die finanziellen Angelegenheiten kümmerte. Saba trug nie auch nur eine Brieftasche bei sich. Er brauchte kein Geld. Er machte nie Einkäufe. Großmama agierte als «Bank» – wie beim Monopoly. Sie erledigte, was mit dem Konto zusammenhing, aber in Wirklichkeit war es beider Konto. Das Problem bestand darin, daß das Konto, als sie nach Israel zurückkehrten, nicht aufgelöst worden war. Und damals durften israelische Staatsbürger keine Konten im Ausland unterhalten, auch nicht, wenn, wie im Falle meiner Großeltern, nur ein Guthaben von ein paar tausend Dollar darauf war.

Jahre später, als ich Journalismus und Kommunikationswissenschaft in der Schule belegt hatte, sollten wir in einer Unterrichtsstunde lernen, was ein echter Zeitungsknüller ist. Der größte Knüller in der Geschichte Israels sei die «Dollar-Konto-Affäre um Leah Rabin» gewesen. Vierzig Augenpaare richteten sich auf mich, und ich kann nicht behaupten, daß ich das Studium dieses Falls sonderlich genoß, auch wenn es nichts als ein Fallbeispiel sein sollte.

Savta hatte versäumt, das gemeinsame Konto zu löschen, ein Versehen, eine Nachlässigkeit, aber bald war die Geschichte das große Thema aller Medien. Die Knesset beschloß, Sabas Immunität nicht aufzuheben. Doch statt dessen hatte Savta nun mit Strafverfolgung zu rechnen. Die Regierung, schon mit einer Reihe anderer Probleme konfrontiert, sah sich durch den «Skandal» in eine politische Krise gestürzt, und so beschloß Saba zurückzutreten. Er war fünfundfünfzig Jahre alt, und über Nacht war aus dem Gewinner ein Verlierer geworden. Plötzlich schien seine politische Karriere zu einer der vielen Fußnoten zur Geschichte Israels zusammengeschrumpft zu sein. Er gab sein Amt als Ministerpräsident auf und stand Savta unerschütterlich zur Seite. Obwohl nur Großmama vor ein Bezirksgericht geladen und mit einem Bußgeld belegt wurde, wies Saba bei jeder Gelegenheit auf seinen Teil der Verantwortung hin.

Bei jedem anderen Diplomaten oder auch bei jedem Politiker, der weniger im Rampenlicht stand als Großpapa, wäre die Sache ohne Aufhebens mit der Zahlung der rückwirkend erhobenen Steuern an die Staatskasse erledigt gewesen. Aber da es um den amtierenden Ministerpräsidenten ging, den Helden des Sechstagekrieges, einen ehemaligen Botschafter in Washington, um keinen Geringeren als Jitzhak Rabin, war ein Skandal unvermeidlich.

Sein Aufenthalt in der Wüste hatte begonnen. Und damals hatte er beschlossen, an seinen Memoiren zu arbeiten. Seltsam, daran zu denken, daß er um die Zeit meiner Geburt damit

Jitzhak Rabin mit der zwei Monate alten Noa

begann und daß jetzt, nach seinem Tod, ich meine Erinnerungen an ihn niederschreibe.

Die Situation bei uns zu Hause war auch ohne Sabas politische Probleme schon schwierig genug. Mein Vater hatte von dem Unfall eine partielle rechtsseitige Lähmung davongetragen und hatte außerdem eine Gehirnverletzung erlitten. Es gab zunehmend Spannungen zwischen meinen Eltern, und meine Mutter hielt es für besser, Jonathan und mich so weit wie möglich davon fernzuhalten. Das ist der Grund, warum mein Bruder und ich in unseren frühen Lebensjahren fast ausschließlich bei Saba und Savta aufgewachsen sind.

Ich kann nur hoffen, daß meine Geburt der Familie in jenen aufreibenden Zeiten ein bißchen Trost brachte. Es heißt, ich sei ein leicht zufriedenzustellendes Baby gewesen und hätte wenig geschrien. Ich war rund, wog annähernd neun Pfund bei der Geburt, fast soviel wie Jonathan. Meine Mutter und meine Großmutter waren besorgt, weil ich keine Haare hatte, bis ich achtzehn Monate alt war. Wegen meines Kahlkopfs wußten sie nicht recht, was sie mir anziehen sollten. In einem Kleidchen, fanden sie, würde ich doch lächerlich aussehen. So entschieden sie sich für Overalls. Vielleicht ist das der Grund dafür, daß ich bis heute gern Overalls trage.

Mama und Großmama erinnern sich, daß ich nachts durchschlief, was sie zu schätzen wußten. Jonathan dagegen war ein kleiner Teufel, der bis zu seinem fünften Lebensjahr nicht eine einzige ganze Nacht in seinem Bett verbrachte.

Saba war in meiner frühen Kindheit immer gegenwärtig. Er behandelte mich jedoch nie wie ein Kleinkind. Selbst als ich wirklich noch sehr klein war, redete er nie in «Babysprache» mit mir. Statt dessen brachte er mir, als ich gerade drei war,

Schachspielen bei. Auch wenn ich nicht gerade ein Schachgenie war, verlor er nie die Geduld mit mir.

Als Kind einer politisch aktiven Familie interessierte ich mich natürlich für die Geschichte Israels, und ich lernte manches aus den Erzählungen über die Rolle, die Saba in ihr gespielt hatte. Ich hielt Sabas Taten für die Höhepunkte unserer Geschichte. So erfuhr ich viel über Israels Unabhängigkeitskampf und den Sechstagekrieg 1967. Mit der Zeit lernte ich die Unterschiede zwischen «Oppositionspartei», «Mehrheitspartei» und «Regierungskoalition» verstehen. Ich kann nicht behaupten, daß es ein volles politisches Unterrichtsprogramm war, aber es war eine Basis.

All dies, nehme ich an, hat dazu geführt, daß ich ausgeprägte Überzeugungen vertrat, die stark beeinflußt waren von Saba und meinem blinden Glauben an ihn. In diesen frühen Jahren bewirkte die Abwesenheit meines Vaters, daß Saba für mich eine starke «Vaterfigur» wurde. Er brachte mich zum Kindergarten, erzählte mir Geschichten, machte Spaziergänge mit uns. Über die Bande zwischen uns wurde nicht oft gesprochen, aber sie waren durch bedingungslose Liebe besiegelt. Ich fühlte mich besonders sicher und geborgen, wenn er in der Nähe war. Er vermittelte mir das Gefühl, das niedlichste, klügste und hübscheste kleine Mädchen auf der Welt zu sein. Seine Noale.

Ich war seine einzige Enkeltochter, aber er zog keines von seinen drei Enkelkindern vor: er liebte uns alle gleichermaßen. Auf der Seite meines Onkels Yuval gab es meinen Cousin Michael, auf der Seite meiner Mutter Jonathan und mich. Es lag hauptsächlich an familiären Umständen, daß Jonathan und ich in größerer Nähe zu Saba aufwuchsen.

Komische Vorfälle drängen sich in meine Erinnerung. Bei irgendeiner Gelegenheit, ich war ungefähr drei, hatte sich Savta auf den Weg gemacht, um Jonathan von einem Tagescamp abzuholen. Saba sollte auf mich aufpassen. Er sagte, ich könne tun, wozu ich Lust hätte, aber ich solle nicht so wild sein. Da er ganz vertieft einem Tennisspiel im Fernsehen zuschaute, hätte er es wahrscheinlich nicht einmal bemerkt, wenn ich vom Dach gefallen wäre. Aber da er nicht gestört werden wollte und ich unbedingt mit irgend jemandem sprechen wollte, ging ich in Savtas Ankleideraum. Vor dem Spiegel stehend, schnitt ich Grimassen und unterhielt mich mit mir selbst. Doch bald versiegte das «Gespräch», und ich schlief ein. Und als Savta nach Hause kam, hatte Saba keine Ahnung, wo ich abgeblieben war.

«Bist du verrückt?» sagte sie zu Großpapa. «Sie kann runtergefallen sein, wir wohnen im achten Stock . . .»

«Warum sollte sie runterfallen?» erwiderte er im Vertrauen darauf, daß ich so etwas Dummes nie tun würde.

Savta war sich da weniger sicher. Sie suchte überall nach mir und fand mich schließlich schlafend im Ankleideraum. Alle waren so erleichtert, daß niemand mit mir schimpfte.

Saba wurde nie ungehalten, auch wenn er allen Grund dazu hatte. Eines Nachts, als Savta und Mama auf einer Auslandsreise waren, schlief ich bei ihm im Bett. Es war Winter, und wir hatten eine elektrische Wärmdecke eingeschaltet.

Plötzlich, es war in den frühen Morgenstunden, sprang er aus dem Bett und rief:

«Noa, schnell, steh auf. Ich muß die Laken wechseln. Schnell! Schnell!»

Er schalt mich nicht, aber er muß irgendwie überzeugt gewesen sein, daß wir beide jeden Augenblick einen elektrischen Schlag kriegen würden. Als er die nassen Laken ausgetauscht hatte, lachte er. Und noch bis vor drei Jahren weckte er mich, wenn ich bei meinen Großeltern schlief, mitten in der Nacht vorsichtig und riet mir, ins Bad zu gehen.

Ich war noch klein, als meine Mutter beschloß, die Scheidung zu beantragen. Sie hielt dies für die beste Lösung für uns alle, besonders für Jonathan und mich. Eine Scheidung unter solchen Umständen ist besonders grausam. In unserem Fall ließ sie bei allen Beteiligten Wunden zurück. Mein Vater litt und wir litten auch.

Einige israelische Zeitungen, immer darauf aus, den Ruf meines Großvaters zu diskreditieren, machten viel Getue darum, daß meine Mutter beschlossen hatte, einen schwerverletzten Ehemann zu verlassen. Aber Mama war überzeugt, daß sie das Richtige tat. Und ich glaube, ihre Entschlossenheit hat Papa zur Genesung verholfen. Irgendwann heiratete er wieder. Seine neue Frau heißt Esti – und sie haben vier Kinder zusammen, Itai, Tamaer, Avyatar und Yael. Mein Vater ist all die Jahre über mit uns in Verbindung geblieben.

Auch meine Mutter heiratete wieder. Ihr neuer Mann, Avi, spielte eine große Rolle in unserem Familienleben, und Karin, seine Tochter aus einer früheren Ehe, wurde meine neue ältere Schwester und eine enge Freundin. Es dauerte eine Weile, bis Avi und ich einander näherkamen, aber inzwischen sind wir gute Freunde und vertrauen einander vorbehaltlos. Ich berate mich mit ihm fast über alles, was in meinem Leben passiert, von banalen bis hin zu den ernstesten Dingen. Und ich kann immer darauf zählen, daß er mir beisteht.

Ich nehme an, es hatte mit der Scheidung unserer Eltern zu tun, daß Jonathan und ich verschwörerisch zusammenhielten. Das enge «Bündnis» zwischen uns besteht nach wie vor. Diese Nähe zwischen uns ist seltsam, weil wir unserem Wesen nach völlig verschieden sind. Ich hasse alles, was er toll findet, er haßt alles, was ich liebe. Das führt dazu, daß wir uns gegenseitig oft aufziehen und viel Spaß haben. Glücklicherweise haben wir beide die gleiche Art von Humor, einen manchmal bissigen oder schwarzen Humor. Wir sind beide für unsere «tödlichen» Scherze berühmt.

Es ist eine weitverbreitete Angewohnheit unter jungen Israelis, daß du das Gegenteil sagst von dem, was du denkst, und wir beide machen das auch. Was eigentlich «furchtbar» ist, wird «großartig», und aus einem Journalisten, der Saba gemein angriff, wurde in unserer Sprache «ein bedeutender Mann, bewundernswert, phantastisch». Dazu hatten Jonathan und ich unsere Geheimsprache und für manche Leute unsere eigenen Spitznamen.

Wir sind sehr verschieden im Umgang mit anderen Menschen. Jonathan ist stur und redet mit lauter Stimme. Er kriegt meistens das, was er will, er fordert es. Ich habe meine stillere, subtilere Masche, und meine Eltern merken oft gar nicht, daß ich meinen Willen gekriegt habe.

Wir konkurrieren kaum miteinander, eher ergänzen wir uns. Wir sind fast wie Zwillinge zusammengewachsen. Wir haben uns beide immer geliebt und geborgen gefühlt, und wir haben beide Saba bewundert. Wenn andere uns nach Großpapa fragten, hatten wir Antworten parat, die die Fragesteller ein bißchen lächerlich aussehen ließen.

«Na, wie ist er denn so als Großvater?»

«Och, so wie jeder Großvater.»

«Siehst du ihn manchmal?»

«Nein, er hat meistens eine Plastiktüte über dem Kopf.»

«Spricht er immer so langsam?»

«Nein, zu Hause ist er der reinste Sprinter ...»

Natürlich plauderten wir nie Einzelheiten über Großpapas häusliches Leben aus. Selbst jetzt, beim Schreiben dieses Buches, habe ich ein komisches Gefühl, weil ich so viel preisgebe.

Wenn Saba sich im Fernsehen ein Fußballspiel oder ein Tennismatch ansah, war es unmöglich, ihn zu einer Antwort auf

Die Geschwister Jonathan, 5 Jahre alt, und Noa, 3 Jahre alt

irgendeine Frage zu bewegen. Ich konnte ihm die wildesten Geschichten erzählen, ihm die brennendsten Fragen stellen – er nickte nur zerstreut in meine Richtung und sagte: «Jaja.»

Und wenn ich dann meine Geschichte zu Ende erzählt hatte oder aufhörte, ihm Fragen zu stellen, wandte er sich mir mit dem unschuldigsten Gesicht der Welt zu und fragte: «Was hast du gerade gesagt, Noale?»

Es war eine stehende Wendung in der Familie: Sprich Großpapa nie an, wenn er im Fernsehen Fußball oder Tennis guckt.

Mama amüsiert sich eher über die komische Komplizenschaft zwischen ihren beiden Kindern. Natürlich hänge ich an ihr. Sie ist wirklich die wunderbarste Frau, objektiv gesprochen. Ich kann mich nicht erinnern, je einen ernsteren Streit mit ihr gehabt zu haben. Jonathan allerdings hat sie manchmal zur Weißglut gebracht.

Auch als wir noch winzig waren, hat sie sich nie über Kleinigkeiten aufgeregt, nicht einmal über unsere Eßgewohnheiten. Sie wollte mir nie vorschreiben, was ich essen oder nicht essen sollte, selbst wenn ich mich hauptsächlich von Schokolade ernährte. Wenn ich beim Frühstück mißmutig auf einen Teller Cornflakes starrte, war es eher Saba, der mir einen kleinen Stups gab.

«Komm, Noa, iß auf.»

Aber ich schaffte es nie. Und wenn er merkte, daß er mich nicht überreden konnte, erzählte er mir Geschichten von seiner Mutter.

«Als ich klein war, hat meine Mutter mir, wenn ich beim Frühstück nicht aufgegessen hatte, denselben Teller zum Mittagessen wieder vorgesetzt, dann zum Abendessen und schließlich am nächsten Morgen – bis ich aufgegessen hatte.»

Saba war voller Bewunderung für seine Mutter. Er war erst fünfzehn, als sie an Krebs starb. Zu der Zeit besuchte er die Kadouri-Schule, ein Internat, damals die beste jüdische Landwirtschaftsschule. Er schaffte es, gerade noch rechtzeitig, wenige Minuten bevor sie starb, zum Krankenhaus zu kommen, so daß er ihr adieu sagen konnte. Heute weiß ich, was diese Minuten ihm bedeutet haben müssen. Als er im Sterben lag, kam ich zu spät.

Sabas Mutter, Rosa Cohen, war eine außergewöhnliche Frau. Sie war in Rußland aufgewachsen, als eines von zehn Kindern einer religiösen und wohlhabenden russischen Familie. Rosa selbst war allerdings nicht fromm und bestand darauf, eine nichtreligiöse staatliche Schule zu besuchen. Später hatte sie Verbindung zu sozialistischen Gruppen und wurde selber eine begeisterte Sozialistin, so begeistert, daß es sie anfangs davon abhielt, Zionistin zu werden. Als junge Frau war sie zu sehr ihrem Glauben an Marx verhaftet und der Vorstellung, daß die Forderung der Zionisten nach Gründung eines jüdischen Staates auf die Zerstörung der traditionellen Nationalstaaten hinauslaufe.

Sie unterstützte die Idee der Russischen Revolution, doch bald wuchs ihre Enttäuschung über das bolschewistische Regime. Als sie 1919 nach Palästina kam, um Familienangehörige zu besuchen, entschied sie sich zu bleiben. Sie schloß sich einer Gruppe von Siedlern an, die den Kineret-Kibbuz am See Kineret gründeten. Sie war die einzige Frau unter rund zwanzig jungen Männern. Als es 1921 in Jerusalem zu Gewalttätigkeiten gegen Juden kam, eilte sie in die Stadt, zog sich eine Krankenschwesterntracht an und half den Verwundeten.

Sabas Vater, Nechemya Rabi, war mit fünfzehn Jahren vor den Pogromen in der Ukraine geflohen und hatte es geschafft, in die Vereinigten Staaten zu gelangen. Als 1917 die Verbündeten eine Jüdische Brigade aufstellten, die das von Türken besetzte Palästina befreien sollte, meldete er sich freiwillig. Anders als Rosa war er von Anfang an Zionist.

Saba erzählte gern, wie es letztlich einem Rekrutierungsoffizier zu verdanken war, daß sein Vater den Namen Rabin annahm. Der Offizier hatte den Freiwilligen Rabizov als untauglich abgelehnt, weil er Plattfüße hatte. Daraufhin war Sabas Vater zu einer anderen Rekrutierungsstelle gegangen, wo man seine Plattfüße nicht bemerkte, und ließ sich unter einem anderen Namen registrieren. Als Nechemya Rabin wurde er in die Jüdische Brigade aufgenommen. Auf dem Weg über Kanada, England und Ägypten erreichte sein Bataillon schließlich Palästina. Und dort, innerhalb der Mauern von Jerusalem, lernten sich Rosa und Nechemya während der Unruhen von 1921 kennen. Bald darauf heirateten sie.

Beide vertraten leidenschaftlich sozialistische Ansichten. Saba, der am 1. März 1922 geboren wurde, und seine Schwester Rachel, drei Jahre jünger als er, wurden spartanisch erzogen. Jeder Luxus, so hieß es bei ihnen zu Hause, sei etwas Schlechtes, und materielle Güter außer denen, die zur Befriedigung der Grundbedürfnisse des Menschen notwendig waren, seien unwichtig. Mit Geld oder eigenen Leistungen zu prahlen sei Zeichen eines schwachen Charakters. Der pragmatischen Lebenseinstellung der frühen Siedler entsprechend, wurde Großpapa auf die Landwirtschaftsschule geschickt, um praktische Fähigkeiten zu erlangen. Zugleich wurde ihm abgeraten, seine Zeit an intellektuelle Tätigkeiten zu verschwenden.

Rosa blieb zeitlebens aktiv in öffentlichen Angelegenheiten. Allerdings trat sie trotz ihrer ausgeprägten politischen Überzeugungen nie in eine Partei ein. Das war ungewöhnlich in einem Land, wo alles stark politisiert war – und in gewisser Weise noch immer ist. Sie beteiligte sich engagiert am Aufbau jüdischer Selbstverteidigungsgruppen in Haifa und später in Tel Aviv, wohin die Familie 1923 übersiedelte, als Saba gerade ein Jahr alt war. In Tel Aviv war Rosa auch als Sozialarbeiterin tätig: sie half Familien, die Problemkinder hatten, Witwen, die keinerlei Hilfe und Unterstützung hatten, und anderen bedürftigen Menschen. Schließlich wurde sie in den Stadtrat von Tel Aviv gewählt, wo ihr unerschütterlicher Sozialismus ihr den Spitznamen «Rote Rosa» eintrug.

Saba und Savta lernten sich in Tel Aviv kennen. Saba gehörte dem Palmach an, der geheimen zionistischen Kampftruppe in der Zeit vor der Unabhängigkeit, und nach übereinstimmenden Beschreibungen war er hübsch, mutig und geheimnisvoll – eben so, wie man einen Helden beschreiben würde, mit lauter Eigenschaften, wie man sie den Palmach-Kämpfern zuschrieb. Savta, Tochter einer reichen, aus Deutschland ausgewanderten Familie, besuchte eine Oberschule. Sie war sehr hübsch, und sie muß jetzt immer lachen, wenn Gäste in den alten Fotoalben blättern und sagen: «Oh, Leah, wir wußten ja gar nicht, daß du so hübsch warst.»

Auf den verblaßten Schwarzweißfotografien aus jener Zeit sieht man Großmama mit langen, wehenden Haaren, wie sie über das ganze Gesicht lacht, während Saba sie eher schüchtern ansieht. Sie haben wirklich beide wie Filmstars ausgesehen.

Das erste Treffen der beiden ist später Teil der Familienlegende geworden. Meine Großmutter hat es so formuliert: «Wir sind uns in einer Eisdiele über den Weg gelaufen und sind seither zusammengeblieben.»

Das war 1944, in Tel Aviv. Es fing an mit dem Austausch von Blicken. Sie begegneten einander mehrmals in der Eisdiele, musterten einander immer von fern, wechselten aber nie ein Wort miteinander. Bis Großmama den ersten Schritt tat und auf Saba zuging und ihm die Hand hinstreckte:

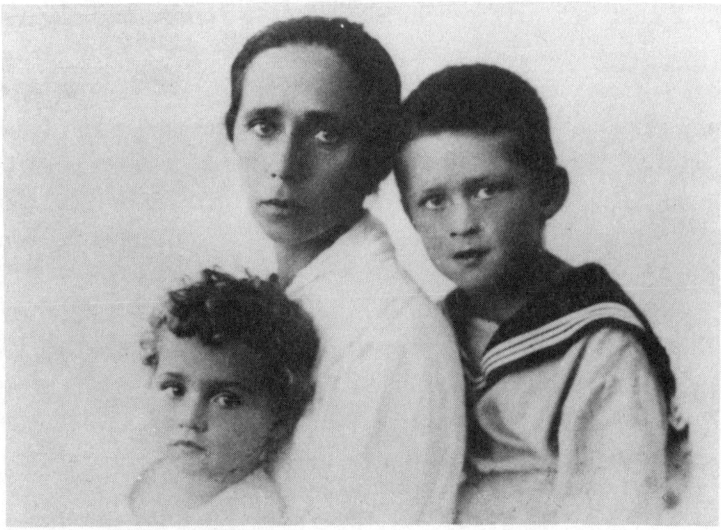

Jitzhak mit seiner Mutter und seiner Schwester Rachel

Leah und Jitzhak Rabin, 1949

Jitzhak Rabin
Jitzhak und seine Tochter Dalia, Noas Mutter, 1952

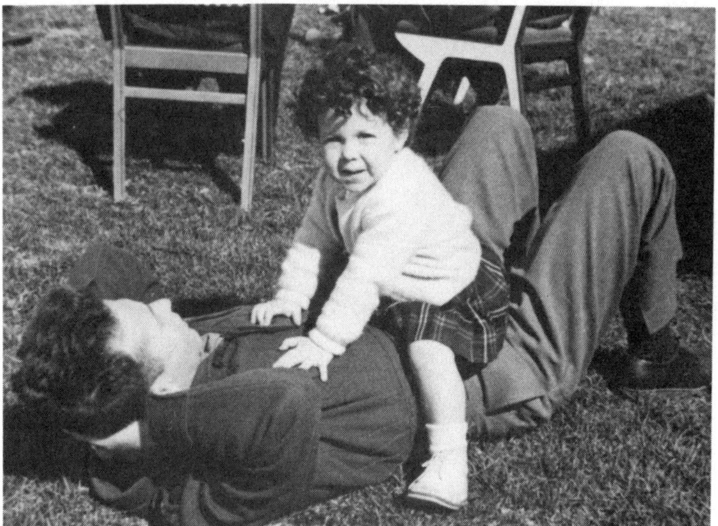

«Hallo, ich heiße Leah, Leah Schlossberg.»

Von diesem Augenblick an bis zum 4. November 1995 waren sie unzertrennlich.

Bald nach ihrem ersten Treffen im Zweiten Weltkrieg schloß sich Savta einem Palmach-Bataillon an. Ihre Eltern kamen aus gänzlich anderen Verhältnissen als Sabas Eltern. Sie hatten Deutschland 1933 verlassen und gehörten zu den intellektuellen und wohlhabenden Kreisen Tel Avivs. Sie waren nicht sonderlich überrascht, als ihre zwanzigjährige Tochter sich in eine leidenschaftliche Kämpferin verwandelte. Die meisten jungen Frauen der Generation meiner Großmutter beteiligten sich mit Begeisterung an dem Kampf um den Aufbau des Staates Israel.

Der stellvertretende Kommandeur ihres Bataillons war niemand anders als Jitzhak Rabin, doch für eine romantische Liebesgeschichte blieb wenig Zeit. Es ging um den Kampf gegen die britische Besatzungsmacht. Großpapa wurde gefangengenommen und sechs Monate lang in Gaza eingesperrt. Dann, nachdem die Vereinten Nationen sich des Palästina-Problems angenommen hatten, drangen die Araber ein, und der Krieg verschärfte sich. Schließlich, während eines kurzen Waffenstillstands im Unabhängigkeitskrieg, heirateten Jitzhak Rabin und Leah Schlossberg am 23. August 1948 in Tel Aviv.

Über ihre Hochzeitsfeier amüsieren wir uns in der Familie heute noch. Beide waren nervös, aber aus sehr verschiedenen Gründen, die überhaupt nichts mit ihrem Ehegelöbnis zu tun hatten. Großmama fühlte sich in ihrem ästhetischen Empfinden verletzt, weil sie bei der Zeremonie Söckchen und Sandalen tragen sollte, während Saba irritiert war, weil der Rabbi sich verspätete. Nichts konnte ihn mehr aus der Fassung bringen als Unpünktlichkeit. Er haßte es, zu spät zu kommen, und er haßte es, wenn andere zu spät kamen. Nachdem man ihn am Tage seiner Hochzeit hatte warten lassen, schwor er: «Das ist das letzte Mal, daß ich geheiratet habe!»

Und es stimmte. Saba und Savta haben ihr Versprechen gehalten. Sie waren immer zusammen. Und sie sind es noch. Savta hat gesagt, sie habe all die Jahre mit ihm und für ihn gelebt, und jetzt, nach seinem Tod, lebe sie mit der Erinnerung an ihn und in seiner Erinnerung.

Saba wollte, daß sie ganz für die Kinder da war, die allzeit anwesende Mutter, die er als Kind entbehrt hatte. Wenn ihm vorgeworfen wurde, er sei zu umtriebig, um seinen Kindern ein guter Vater zu sein, pflegte er zu antworten: «Meine Kinder haben eine Mutter.» Von heutigen Feministinnen würde er für diesen Spruch keinen Beifall erhalten. Aber entscheidend war, daß ihre Ehe eine wirkliche Partnerschaft darstellte.

Sabas Karriere war auch Savtas Karriere. Nichts war nur «seins» oder «ihres» – sie teilten alles. Savta mag eine «Fulltime-Ehefrau» gewesen sein, wie sie ihr 1987 veröffentlichtes Buch nannte, aber sie war auch Sabas engste Freundin, Beraterin und Anhängerin. Sie hatte ihre eigenen, unabhängigen Tätigkeitsbereiche, zum Beispiel arbeitete sie in der Wohlfahrtspflege und gab russische Sprachkurse. Mögliche Zweifel an ihrer Stärke und ihrem Mut wurden nach Großpapas Tod zerstreut. Sie hat nicht nur bewegend von der Notwendigkeit gesprochen, Großvaters Lebenswerk für den Frieden fortzusetzen, sondern sie hat auch eine Zähigkeit bewiesen, die viele überrascht hat.

Ich habe stets die Stärke meiner Großeltern bewundert, doch war sie immer begleitet von Wärme, gegenseitiger Unterstützung und kleinen Neckereien. Ich weiß noch, wie sie nach ihrem regelmäßigen Tennisspiel am Samstagmorgen oft bei uns in Herzliya hereinschauten. Ich wollte immer wissen, ob Saba verloren hatte, weil ich gern hörte, wie Großmama dann in neckendem Tonfall sagte: «Jemand ist heute gar nicht glücklich über sein Spiel.»

Sie hatten es sich zur Gewohnheit gemacht, nie als Paar im Doppel zu spielen, und so erwiderte Großpapa unweigerlich in dem gleichen Ton: «Ja, mein Partner hat mich im Stich gelassen.»

Zwischen den beiden gab es eine Nähe, wie man sie nur ganz selten bei zwei Menschen findet. Man mußte nicht zur Familie gehören, um das zu erkennen. Großpapas Referenten gewöhnten sich daran, daß ihr Ministerpräsident fragte: «Wo ist Leah?», wenn Großmutter in einer Menschenmenge verschwunden war. Der Ruf «Wo ist Leah?» ertönte unweigerlich so lange, bis sie sich wieder eingefunden hatte. Es war ein zärtlicher Lockruf, der in den Gesichtern der Eingeweihten ein wissendes Lächeln auslöste.

Freunde von mir, die zum erstenmal nach Sabas Tod in die Wohnung meiner Großeltern kamen, waren überrascht über die gastliche und freundliche Atmosphäre. Sie unterscheidet sich von anderen Wohnungen durch ihre schlichte Einrichtung. Abgesehen von ein paar gerahmten Fotografien von Saba sowie seiner Nobelpreis-Urkunde und von den Sicherheitsbeamten draußen vor der Haustür, wäre man schwerlich darauf gekommen, daß jemand so Prominentes wie der Ministerpräsident hier wohnte.

Großvater war nie jemand, der Besitztümer zur Schau stellte. Im Lauf der Jahre hatte er zahlreiche wundervolle Geschenke erhalten, doch viele von ihnen schmorten irgendwo in der untersten Schublade der Kommode. Es gab jedoch ein Geschenk, das er nur selten aus den Augen ließ: Es war der Leuchter, den Jonathan und ich ihm zu seinem 70. Geburtstag geschenkt hatten. Lieber renkte er sich den Arm aus, um einem

Feuer zu geben, als zuzulassen, daß jemand anders den Leuchter in die Hand nahm. Es war ein schlichtes, rechtwinklig geformtes graues Ding, das eigentlich nichts Auffälliges an sich hatte. Doch Großvater hing daran, als wär's ein Stück von ihm.

Ich möchte gern so wie mein Großvater sein, der mit einer schnellen Handbewegung Bedeutungsloses und Unwichtiges beiseite wischen konnte. Aber es gelingt mir nicht, wie sehr ich mich auch bemühe. Eine beiläufige Bemerkung, ein winziger Vorfall, eine kritische Bemerkung von einem Lehrer, ja sogar der seltsame Blick einer Freundin oder eines Freundes kann mich schon aus der Bahn werfen. Ich lasse mir nicht anmerken, wenn ich mich getroffen oder verletzt fühle, aber ich quäle mich selbst. Ich kann stundenlang in meinem Zimmer hocken, bis es mir endlich gelingt, mich zu beruhigen.

Ironischerweise, so denke ich, hat mir die heftige Kritik, die an Großpapa geübt wurde, als er 1992 Ministerpräsident wurde, geholfen, meine übermäßige Empfindlichkeit zu überwinden. Ich mußte irgendwie damit fertig werden, denn ich hatte das Gefühl, ich müsse in der Lage sein, für Saba einzutreten und ihn zu verteidigen. Und ich konnte mir nicht leisten, über jeden ungerechten Zeitungsartikel, über jeden Angriff auf Saba in der Knesset, über jede kritische Äußerung von Leuten, die ihn nicht kannten, in Zorn zu geraten. So sah ich mich gezwungen, meine inneren Abwehrmechanismen zu stärken, meine Seele zu verschließen – vor Angriffen gegen ihn und auch gegen mich. Das half mir auch zu lernen, Kritik und Schmeichelei gleichermaßen richtig einzuschätzen.

Ich glaube, es hat mir auch geholfen, mich nach außen tapfer zu geben nach Sabas Tod. Am Ende der dreißigtägigen Trauerzeit habe ich versucht, mich zusammenzunehmen: Ich habe meinen Job bei der Armee wiederaufgenommen, habe wieder Freunde getroffen und bin wieder ausgegangen. Es war alles nicht das, wonach mir zumute war, aber ich wußte, daß ein «normaler» Alltag helfen würde, meinen Schmerz und meine Verwirrung zu lindern.

Eine Folge von Sabas Ermordung ist, daß ich mich tatsächlich älter fühle. Vielleicht sehe ich, von außen betrachtet, noch so aus wie vorher, aber es ist eine tiefe Traurigkeit in mir. Manchmal, wenn ich allein im Auto unterwegs bin, spreche ich zu Großpapa und weine. Doch auch wenn ich weine, das Zu-ihm-Sprechen muntert mich auf. Es ist dann so, als wäre er noch bei mir.

Ich empfinde es als Zumutung, daß das Leben nicht innehielt in dem Moment, als die Kugeln ihn trafen. Ich weiß, das Leben geht weiter. Ich weiß, daß jeden Tag Menschen ihre Liebsten verlieren. Ich weiß, daß der Tod ein Teil unseres Lebens ist. Ich weiß das alles.

Aber ich kann es nicht akzeptieren. Es fällt mir schwer, in der Vergangenheitsform über ihn zu sprechen. Es fällt mir schwer zu denken, daß er nun eine Erinnerung wird, die mit der Zeit verblaßt. Für mich ist seine Gegenwart noch so lebendig. Ich weiß, daß er irgendwo darüber wacht, wie ich mich ohne ihn entwickle. Ich möchte, daß er stolz ist auf mich. Ich möchte ihm zeigen, daß ich stark bin. Ich möchte, daß er da ist. Deshalb kann ich nicht aufhören, mich zu fragen: «Wie kann ich denn ohne ihn leben?»

Kinder Israels

Mit dem Krieg aufwachsen

Bis heute wachsen israelische Kinder im Schatten des Krieges auf. Von klein auf wird uns beigebracht, daß dieses winzige Land getränkt ist mit dem Blut von Soldaten, die ihr Leben dafür gegeben haben, daß wir weiterleben können. Wir lernen, daß wir von Feinden umgeben sind. Deshalb muß unsere Armee die beste sein. Doch meine Generation hatte Glück. Wir mußten zumindest keine Kriege durchmachen, in denen es «auf Leben und Tod» ging wie 1948 oder 1973. Wir wuchsen in einem Land mit ausgedehnten Grenzen und Jerusalem als vereinigter Hauptstadt auf. Wir hielten sogar den Zionismus für eine Selbstverständlichkeit. Doch auch wir haben den Krieg erlebt.

Der erste Konflikt, an den ich mich erinnere, war der Libanonkrieg von 1982, obwohl ich erst fünf Jahre alt war, als er begann – zu jung, um die Ereignisse zu verstehen. Die israelische Armee war nach Südlibanon einmarschiert, um die Palästinensische Befeiungsorganisation PLO außer Gefecht zu setzen, die ständig Siedlungen und Kibbuzim in Nordisrael angriff. Doch die israelischen Angriffe auf die PLO-Lager Sabra und Shatila arteten in Massaker aus, und das gesamte Libanon-Unternehmen geriet zu einer politischen Katastrophe für die Regierung. Viele Israelis waren entsetzt darüber, was in den Lagern geschehen war.

Ich erinnere mich, daß unsere Erzieherinnen im Kindergarten uns von einem Krieg erzählt und daß wir im Fernsehen Nachrichtensendungen gesehen haben, in denen kämpfende Soldaten gezeigt wurden. Großvaters Schwester Rachel lieferte uns übers Telefon Berichte aus erster Hand von den Truppenbewegungen über unsere Grenze im Norden. Ich erinnere mich, wie ich zu meiner ersten Friedensdemonstration gegangen bin, die organisiert wurde, um gegen die Massaker von Sabra und Shatila zu protestieren. Sie fand auf dem Platz der Könige Israels in Tel Aviv statt und wurde als die «Friedenskundgebung der 300000» bekannt, da die Zahl der Teilnehmer etwa so hoch geschätzt wurde. In Israel ist es nichts Ungewöhnliches, wenn eine Fünfjährige zu einer politischen Demonstration mitgenommen wird. So wachsen wir eben auf.

Natürlich glauben alle Kinder, sie seien unsterblich, und deshalb ist der Krieg für sie ein Spiel. Auf dem Schulhof drohten wir einander mit den Worten: «Paß bloß auf, sonst kommt mein Vater von der Armee zurück und bringt sein Armeegewehr mit.» Immer wenn wir Schlachten nachstellten, waren wir natürlich die Guten, und die Araber waren die Bösen.

Auf der Grundschule fanden Unterrichtsstunden statt, die uns mit der arabischen Welt vertraut machen sollten, mit ihren Ländern, ihrer Mentalität, ihren Überzeugungen, ihrer Sprache und ihrer Lebensweise. Es muß unseren Lehrerinnen und Lehrern schwergefallen sein, diese Themen objektiv darzustellen, da die Araber bei den Israelis, selbst bei israelischen Kindern, stets starke – positive oder negative – Affekte auslösen. Ich habe sogar fünf Jahre lang Arabischunterricht gehabt, doch da es niemanden gab, mit dem ich mich auf arabisch hätte unterhalten können, gingen meine Kenntnisse mit der Zeit wieder verloren.

Die wichtigsten arabischen Länder, mit denen wir uns vertraut machen mußten, waren unsere Nachbarn Ägypten, Jordanien, Syrien und der Libanon. Außerdem brachte man uns den Unterschied bei zwischen israelischen Juden und israelischen Arabern. Wir lernten, daß arabische Frauen nicht dieselben Rechte haben wie israelische Frauen. In der arabischen Welt spielten Frauen im Alltagsleben eine völlig andere Rolle als die Männer. Es konnte nicht ausbleiben, daß wir grobe Klischeebilder übernahmen.

Doch meine Schule hatte immerhin ein ganz konkretes Austauschprogramm. Regelmäßig organisierte sie Busfahrten israelischer Schüler nach Iksal, einem Araberdorf in Israel, wo diese einen ganzen Tag lang Araberkinder kennenlernen und mit ihnen spielen konnten. Anschließend machten die Kinder aus dem Araberdorf einen Gegenbesuch in unserer Schule und bei unseren Familien. Jonathan war schon einmal in Iksal, und als der nächste Besuch der Araberkinder bevorstand, lud er eines von ihnen zu uns nach Hause zum Mittagessen ein. Damals gehörten diese Besuche und Gegenbesuche zum mehr oder weniger normalen Schulalltag, und für mich hatte es nichts Außergewöhnliches, daß uns ein junger Araber besuchen sollte.

Doch im Dezember 1987 begann plötzlich die Intifada, und mein Besuch im Araberdorf wurde abgesagt. Statt ein Arabermädchen in meinem Alter kennenzulernen, sah ich mit an, wie junge Palästinenser israelische Soldaten beschimpften und mit Steinen bewarfen. Nach diesen gewalttätigen Szenen war mir die Lust auf die Bekanntschaft eines Arabermädchens ziemlich vergangen. Es fiel mir schwer, mir mit meinen zehn Jahren ein positives Bild von diesen Menschen zu machen. Ich hatte einfach keine Vorstellung davon, was sie überhaupt wollten.

Die Intifada, mein zweiter «Krieg», war tatsächlich weniger ein Krieg als ein Aufstand junger Palästinenser, die in den besetzten Gebieten lebten. Doch sie hatte enorme Auswirkungen auf Israel und sein Ansehen in der Welt. Im Lauf der Jahre hatte man den heranwachsenden Israelis starre Klischeebilder von den Arabern vermittelt, daß sie auf einen Krieg aus seien, uns ins Meer treiben wollten und uns das Existenzrecht bestritten. Und immer waren wir diejenigen, die den Frieden wollten. Jetzt standen wir plötzlich vor der Welt als die Unterdrücker da, die das legitime Recht eines anderen Volkes mit Füßen traten.

Damals war Saba Verteidigungsminister in Jitzhak Schamirs Koalitionsregierung. Großväter, die Minister sind, erzählen ihren zehnjährigen Enkelinnen normalerweise nicht, worin ihre Tätigkeit besteht. Ebensowenig versuchen zehnjährige Enkeltöchter, politischen Fragen auf den Grund zu gehen – man erwartet von ihnen, daß sie dem glauben, was ein Erwachsener ihnen sagt, vor allem, wenn es der Verteidigungsminister ist. Dennoch nahm sich Saba die Zeit, meine Fragen ausführlich zu beantworten und zu erklären. Israel müsse mit harten Maßnahmen reagieren, um zu verhindern, daß der Aufstand sich weiter ausbreitete.

Der «Krieg» fand hauptsächlich im Fernsehen statt, obwohl die Kämpfe tatsächlich nur eine halbe Autostunde entfernt von uns tobten. Das Hauptproblem bestand darin, daß das Fernsehen sich angewöhnt hatte, immer nur die eine Hälfte der Geschichte zu erzählen. Soweit ich mich jedenfalls erinnere, sahen wir Abend für Abend Szenen, in denen isrealische Soldaten auf junge Palästinenser schossen und einprügelten. Was wir dagegen nicht sahen, waren auf arabischer Seite die ständigen Provokationen, Schmähungen, Hinterhalte und die Eimer mit Fäkalien, die über die Soldaten gekippt wurden.

Unsere schwerbewaffneten Soldaten wurden als Schlächter

hingestellt, die Kinder umbrachten, die für die Freiheit kämpften. Es war ein grandioser Propagandasieg für die Palästinenser. Das war der Grund, warum die Intifada den Boden für die Zukunft vorbereitete. In der Welt vergaßen die meisten Menschen die jahrelangen terroristischen Angriffe auf israelische Zivilpersonen und sahen nur, wie israelische Soldaten «unschuldige Opfer» mißhandelten. Und die PLO machte deutlich, daß sie entschlossen war, die Anerkennung eines Palästinenserstaats zu erringen.

Die beiden größten Parteien Israels, die Arbeiterpartei und der Likud, bildeten zusammen eine Koalitionsregierung, waren jedoch zutiefst uneinig darüber, wie sie auf den Aufstand reagieren sollten. Die Arbeiterpartei wollte eine internationale Friedenskonferenz, die zu direkten Verhandlungen mit der PLO führten; der Likud dagegen lehnte es ab, mit den «Terroristen» der PLO an einem Verhandlungstisch zu sitzen. Infolgedessen tat sich gar nichts an der Friedensfront.

Die Bedeutung des Worts Terrorismus wurde mir drastisch vor Augen geführt, als meine Freundin Sharon um Haaresbreite einem Anschlag entging. Mit einem Schlag war der Terrorismus für mich nicht mehr etwas, das nur anderen Menschen zustieß. Von nun an hatte er ein Gesicht.

Sharon befand sich an der Klagemauer in Jerusalem und nahm an einer Zeremonie teil, die Tekes Sijum Tironut heißt und mit der die erfolgreiche Beendigung der Grundausbildung ihres Bruders bei der Armee gefeiert wurde. Als die Zeremonie beendet war und die Menge sich schon zerstreute, stiegen Sharon und ihr Vater in ihren Wagen, der in der Nähe geparkt war. Sie mußten noch auf Sharons Mutter warten. Ihr Vater setzte den Wagen ein Stück zurück, damit seine Frau ihn besser sichten könne. Sekunden später explodierte eine Handgranate genau an der Stelle, wo der Wagen zuvor gestanden hatte. Sharons Vater sah noch einen der Terroristen im Rückspiegel, und der Mann konnte später identifiziert und festgenommen werden. Sharon erholte sich monatelang nicht von dem Schock, den sie bei dem Zwischenfall erlitten hatte.

Dieser Angriff änderte meine Sicht der Lage. Die fortwährenden terroristischen Überfälle und die anhaltende Intifada erzeugten in mir ein Gefühl der Aussichtslosigkeit unserer Lebensweise. Ich wußte, daß es um das Überleben Israels ging, konnte jedoch den Gedanken nicht mehr aus meinem Kopf verdrängen, daß es einen anderen Weg geben mußte. Und je länger ich darüber nachdachte, desto überzeugter war ich, daß Frieden die einzige Lösung war. So unmöglich der Frieden erscheinen mochte, er war der einzig mögliche Ausweg aus dieser endlosen Spirale von Überfällen und Vergeltungsschlägen.

Am 2. August 1990 befahl Saddam Hussein die Invasion Kuweits durch irakische Soldaten. Das sollte mein dritter «Krieg» werden. Als dem irakischen Diktator die Argumente zur Rechtfertigung seiner Aggression ausgingen, rief er zu einem neuen Dschihad, einem «heiligen Krieg» gegen Israel, auf. In dem Bemühen, die Unterstützung der übrigen arabischen Welt für sich zu gewinnen, versuchte er eine Verbindung zwischen seinem Überfall auf Kuweit und der Unterdrückung des Palästinenservolks durch die Israelis herzustellen.

Es war ein derart absurdes Argument, daß wir darüber nur lachen konnten. Doch absurd oder nicht, wir wußten, daß wir uns vorbereiten mußten. Die Regierung begann, Gasmasken zu verteilen und in Fernsehspots vorzuführen, wie man die Masken benutzte und wie wir uns im Falle eines Angriffs verhalten sollten. Außerdem versuchte sie, die Bevölkerung an den Klang von Fliegeralarmsirenen zu gewöhnen. In der Schule warnte man uns, daß auch ein weit entfernter Krieg uns plötzlich heimsuchen könnte. Die größte Sorge war, daß Saddam Hussein unkonventionelle Waffen einsetzen könnte, vor allem Flugkörper, die Giftgas transportierten. Man glaubte, sich am besten gegen eine chemische Kriegführung schützen zu können, indem man in der Wohnung die Türritzen mit Isolierverband abklebte.

Ich war damals 14 Jahre alt und besuchte die achte Klasse, die letzte der Junior-High-School. Ich führte ein sorgloses Leben, das bestimmt war von Schule, Freunden und Partys. Meine Welt war glücklich und sicher. Ich muß zugeben, daß ich durch die Drohungen Saddams nicht sonderlich beunruhigt war. In Israel aufzuwachsen bedeutet auch, frühzeitig ein Bewußtsein von potentiellen Gefahren zu entwickeln. Zwei- bis dreimal im Jahr probten wir in der Schule das Aufsuchen des Luftschutzbunkers. Außerdem schärfte man uns ein, auf öffentlichen Plätzen nach auffälligen Gegenständen Ausschau zu halten, in denen möglicherweise eine Bombe versteckt war.

Meiner Meinung nach ist es ziemlich typisch für Israelis, auf Krieg und Gewalt mit einer Mischung aus Fatalismus, Realismus, Mut und Ironie zu reagieren. Vielleicht, weil man das alles schon kannte. Am Abend des 14. Januar 1991, kurz bevor das Ultimatum der Vereinten Nationen an Saddam Hussein ablief, feierten manche Leute sogar sogenannte Weltuntergangsfeten.

Meine Einstellung zu einem drohenden Krieg wäre sicherlich eine andere gewesen, wenn Saba mir gesagt hätte, wir müßten uns auf einen Atomkrieg gegen Saddam Hussein gefaßt machen, aber das tat er nicht. Damals gehörte er nicht der Regierung an, verstand jedoch sehr viel von Außenpolitik und militärischen Angelegenheiten, und keinen Augenblick glaubte er, der Irak könnte uns mit anderen als konventionellen Waffen angreifen.

Wir hatten jedoch allen Grund, mit einem wie auch immer gearteten Angriff zu rechnen. Obwohl Israel dem von den Vereinigten Staaten organisierten Bündnis zur Befreiung Kuweits nicht angehörte, hatte Saddam wiederholt gewarnt, Israel werde das erste Ziel eines Angriffs sein. Und innerhalb Israels würde Tel Aviv, das wirtschaftliche Zentrum des Landes, ein bevorzugtes Ziel sein. Wenn Raketen abgefeuert würden, dann würden sie auf die Regierungsgebäude der Stadt einschließlich des Verteidigungsministeriums gerichtet sein. Es bestand kein Zweifel, daß die Menschen, die in Jerusalem und entlang der Grenzen lebten, sicherer sein würden.

Am 17. Januar fielen die ersten Scud-Raketen auf Israel, zwei auf Tel Aviv und eine auf Haifa, und verletzten zwölf Personen. Am nächsten Tag informierte uns CNN, daß sich inzwischen amerikanische Patriot-Raketen zur Abwehr feindlicher Raketen auf unserem Territorium befänden. Doch eine Scud-Rakete überwand den Sperrgürtel und forderte drei Menschenleben und verletzte über hundert weitere Personen in Tel Aviv. Spätere Raketen schlugen erneut in Tel Aviv und Haifa ein.

Jetzt war der Krieg Realität. Schulen wurden geschlossen, und die Menschen begannen, große Lebensmittelvorräte anzulegen. Jedermann war um sechs Uhr abends in seiner Wohnung. Nach dieser Zeit auf die Straße zu gehen galt als gefährlich. Viele israelische Männer empfanden es als besonders frustrierend, ans Haus gefesselt zu sein, statt an der Front zu kämpfen. In dem Glauben erzogen, sie seien die Verteidiger der Nation, konnten sie jetzt nichts anderes tun, als untätig herumzusitzen und auf den nächsten Luftangriff zu warten.

Anfangs galt die Angst hauptsächlich einem Angriff mit

Giftgas und nicht mit konventionellen Raketen, und deshalb wurden wir aufgefordert, bei einem Angriff die höchsten Räume eines Gebäudes aufzusuchen, weil Giftgas in der Nähe des Bodens bleibt. Eine chemische Kriegführung ist eine hinterhältige Form des Kriegs, doch Saddam war dazu fähig. Das hatte er im Krieg gegen den Iran bewiesen. Und bei den Juden rief der Gedanke an einen Gasangriff besonders entsetzliche Erinnerungen wach.

Als die Sirene zum erstenmal losheulte, lag ich in tiefem Schlaf bei uns daheim in Herzliya. Mama weckte mich, und wir legten entsprechend der Gebrauchsanweisung große, häßliche Gasmasken an. Wir hatten schon in der Schule damit geübt. An diesem Abend hielten wir uns im Schlafzimmer der Eltern auf und verfolgten die Meldungen im Radio und im Fernsehen. Wir sprachen nicht viel, da es wegen der Masken schwierig war, sich zu verständigen. Es war etwa so, als befände man sich in einem Aquarium. Vier Stunden mußten wir warten, bis die Entwarnung kam, vier lange, nervenaufreibende Stunden.

Saba machte sich jedoch keinen Moment die Mühe, seine Gasmaske anzulegen. Er war überzeugt davon, daß der Irak gegen Israel kein Giftgas einsetzen werde, und war mit dieser Meinung sogar im Fernsehen aufgetreten. Als ehemaliger Verteidigungsminister war seine Meinung von Gewicht. Nach kurzer Zeit gaben wir – wie alle anderen auch – es auf, uns in den oben gelegenen Zimmern aufzuhalten, die bei Raketenangriffen stärker gefährdet waren. Statt dessen gingen wir nach unten, wenn die Sirene ertönte. George, unser Hund, wurde durch das Geräusch in Angst und Schrecken versetzt und war stets als erster an der Tür zum Luftschutzraum.

Bei uns daheim entwickelten wir unseren eigenen festen Handlungsablauf, sobald wir den Alarm hörten. Auch wenn wir uns nicht mehr durch einen Gasangriff bedroht fühlten, trugen wir im Gegensatz zu Großvater auch weiterhin unsere Gasmasken und dichteten die Zimmertür ab. Am Ende erwiesen sich diese Vorsichtsmaßnahmen als unnötig, doch sie beruhigten uns. Jonathan hatte die Aufgabe, Handtücher mit in Wasser gelöstem Natron zu tränken und sie auf den Fußboden vor die Tür zu legen. Man hatte uns gesagt, Natron werde jedes Gas, das durch den Türspalt dringen sollte, neutralisieren. Nachdem sich alle im Schutzraum befanden, wurde die Tür mit Isolier- und Kreppband abgedichtet. Meine Aufgabe bestand darin, die Heizung im Haus abzudrehen.

Unser Schutzraum, zu dem man über eine Treppe direkt vom Eßzimmer aus gelangte, war wirklich sehr geräumig und mit Fernseher, Radio, Telefon, einem Sofa und einem Bett ausgestattet. Dort hielten wir uns auf, bis Entwarnung gegeben wurde. Dann gingen wir wieder hinauf in unsere oben gelegenen Schlafzimmer. Es klingt vielleicht absurd, doch ich konnte dem Krieg manch gute Seite abgewinnen. Wir verbrachten viel Zeit daheim mit der ganzen Familie, aßen gemeinsam und spielten Monopoly und Backgammon. Doch die Nächte waren lang, vor allem für Avi, der die Verantwortung dafür übernommen hatte, uns bei einem drohenden Angriff zu wecken. Nach einiger Zeit wurde für die vielen Menschen, die wie Avi nicht schlafen konnten, eine «tote» Radiostation eingerichtet. Man konnte das Radio bei voller Lautstärke eingeschaltet lassen, ohne etwas zu hören, und der Sender wurde nur aktiv, um Alarm zu melden. Nach der Entwarnung blieb es wieder still, so daß die Menschen ungestört schlafen konnten.

Als der Krieg im Januar 1991 begann, suchten viele Bewohner Tel Avivs Zuflucht in Eilat, dem beliebten Ferienziel am nördlichen Zipfel des Golfs von Aqaba. Eilat war beim Sechstagekrieg Kriegsschauplatz gewesen, doch für die Israelis war es inzwischen gleichbedeutend mit Sonne, Vergnügen und Urlaub. Und obwohl jetzt ganz in der Nähe US-Flugzeugträger im Roten Meer operierten, war Eilat immer noch sicherer als Tel Aviv.

Meine Eltern dachten nicht im Traum daran, aus Tel Aviv zu fliehen. Auch meine Großeltern nicht, obwohl ihre Wohnung im obersten Stock lag und bei Luftangriffen ganz besonders stark gefährdet war. Ich glaube, meine Mutter machte sich mehr Sorgen um sie als um uns. Wir wohnten in einem Haus in einiger Entfernung vom Stadtzentrum und seinen strategisch wichtigen Gebäuden.

Eines Abends bestand Mama darauf, daß Großpapa und Großmama über Nacht zu uns nach Herzliya kamen. Auch wenn es nicht gerade die aufregendste Einladung war, die sie je in ihrem Leben erhalten hatten, nahmen sie doch widerstrebend an. Ich stellte mir vor, daß es ganz unterhaltsam sein könnte, sie bei uns zu haben. Daheim waren sie unabhängig und brauchten auf niemanden Rücksicht zu nehmen. Hier waren sie plötzlich Gäste. Als das Sirenengeheul an diesem Abend einsetzte, riefen wir sie nach unten. Doch Großmama hatte es sich in den Kopf gesetzt, ebenjetzt eine Dusche zu nehmen, was natürlich Zeit kostete und das Abkleben der Tür zum Schutzraum verzögerte. Ich weiß noch, daß Saba sehr ärgerlich über sie war.

«Wir sind nicht zu Hause», sagte er. «Hier mußt du dich nach den Kindern richten!»

Wie hätte ich mir wirklich Sorgen wegen der Raketen machen sollen, wenn Saba mehr damit beschäftigt war, wie er sich als Gast richtig zu verhalten hatte?

Beschützt von den Erwachsenen in meiner Umgebung, konnte ich die Angst und Besorgnis meiner Eltern erst verstehen, nachdem der Krieg vorbei war. Eines Morgens, während die Kämpfe noch anhielten, fanden Mama und Avi ein Stück von einer Scud-Rakete in unserem Garten. Es war bei einem Angriff in der vergangenen Nacht heruntergefallen, doch sie beschlossen, es Jonathan und mir nicht zu zeigen, und händigten es statt dessen den Behörden aus. Drei Monate später erzählten sie uns schließlich von dem Vorfall. Ich glaube, Jonathan und ich hätten eigentlich erschüttert sein müssen, doch in Wirklichkeit bedauerten wir lediglich, daß wir nicht gesehen hatten, wie das Raketenbruchstück aussah, und machten uns keine Gedanken darüber, wie nahe wir dem Krieg gewesen waren.

Für mich war dies ein Krieg der Entdeckungen, wie beispielsweise des Senders CNN. Damals gab es in Israel nur einen einzigen, staatlich kontrollierten Fernsehsender. In den Wochen bevor die Kämpfe ausbrachen, setzte Avi alle Hebel in Bewegung, um unser Haus mit einer Satellitenschüssel auszurüsten. Er wollte sicherstellen, daß wir genau darüber informiert waren, was passierte. Nachdem die Angriffe begonnen hatten, wurde CNN der Angelpunkt unseres Lebens. Zwar unterlagen alle Berichte aus Israel der Militärzensur, doch CNN vermittelte uns ein umfassenderes Bild der Vorgänge in den Nachbarländern. Als der Sender meldete, daß der Irak einen Angriff auf Saudi-Arabien gestartet hatte, wußten wir, daß uns noch dreißig Minuten Zeit blieben, um uns fertigzumachen, eine Dusche zu nehmen oder George Gassi zu führen, bevor Israel angegriffen werden würde. Unsere Berechnung stimmte immer. Es war nur einer der vielen verrückten Zufälle in diesem verrückten Krieg.

Alle meine Vorstellungen von diesen Kriegen hatten sich herausgebildet, ohne daß ich jemals an der Front gewesen wäre. Nie kam mir der Gedanke, Israel könne sich in ernster Gefahr befinden, nie hatte ich den Eindruck, meine eigene Familie sei gefährdet. Der Gedanke, daß wir möglicherweise in einem Krieg umkommen würden, den ich im Fernsehen verfolgen konnte, lag mir völlig fern. Es war ein Krieg, aber für mich war es einer ohne Frontlinie.

Frühere Generationen sind mit anderen Kriegen aufgewachsen. Meine Kriege hatten einen Einfluß auf mich, aber nicht in der Weise, wie Außenstehende vielleicht denken. Saba lehrte mich, daß es darauf ankam zu wissen, wie man die eigene Angst unterdrückt und möglichst nüchtern reagiert. Nach seiner felsenfesten Überzeugung durfte man niemals zulassen, daß die Furcht einen lähmte, vom eingeschlagenen Kurs abbrachte oder dazu führte, daß man die eigenen Gewohnheiten oder Überzeugungen änderte. Saba hatte viele Kriege überlebt. Er wußte, wie man damit umgehen mußte. Es war der Frieden, der ihn getötet hat.

Ich versuchte, seinem Beispiel zu folgen, und meistens gelang es mir auch. Erst wenn ich schlief, fühlte ich mich von Ängsten heimgesucht, über die ich mich am Tag mit einem Lachen hinwegsetzte. In meinen Träumen spielte der Tod eine immer größere Rolle. Und während «meiner» Kriege wurden diese Alpträume immer häufiger und düsterer. Ich träumte, bei der Beerdigung meiner Mutter dabeizusein. In einer anderen Nacht wurde Jonathan beerdigt, später war es Avis oder Großmamas Beerdigung. Ich träumte sogar, ich selbst würde beerdigt.

Was ich jedoch heute besonders lebhaft erinnere, ist, daß Großpapa in diesen Alpträumen nie vorkam. In all jenen Nächten, in denen die Angst mein Unterbewußtsein überwältigte, war Saba der einzige meiner Lieben, den ich nie bestattete, der nie ein Begräbnis hatte, der niemals starb.

Der Frieden ist heilig

Hoffnung auf Änderung

Über den einzigen Krieg, der eine tiefe Auswirkung auf mein Leben hatte, der einzige, an den ich mich nie gewöhnen konnte, wurde weder auf den Titelseiten der Presse noch in der Abendsendung von CNN berichtet. Es war Jonathans Krieg.

Als er im Dezember 1992 zur Armee ging, kam mir zu Bewußtsein, daß es nie wieder wie früher sein würde. Jonathan war immer mein bester Freund gewesen, mein großer Bruder, meine andere Hälfte. Was immer wir machten, selbst wenn es jeder für sich tat, es wurde «unsere Sache». Doch jetzt, da er Soldat war, wurde mir klar, daß die Trennung andere Dimensionen annehmen würde.

Jonathan war 18 Jahre alt und Soldat, ich war zweieinhalb Jahre jünger und ging noch zur Schule. Zum erstenmal in unserem Leben spielte der Altersunterschied zwischen uns eine Rolle. Wir lebten in zwei verschiedenen Welten. Die Sicherheitslage im Land war «normal», doch trotz all dieser «Normalität» würde Jonathan bald den Befehl erhalten, auf den Straßen der besetzten Gebiete oder im Südlibanon zu kämpfen. Israel befand sich eigentlich nicht im Kriegszustand, doch das alltägliche Leben glich in der fundamentalsten und schrecklichsten Weise einem Krieg: Noch immer verloren Menschen ihr Leben.

Jeder, der miterlebt hat, wie ein geliebter Mensch fortgegangen ist, wird das Gefühl des Verlustes verstehen, das mich überkam. Jonathan war immer dagewesen. Er haßte es, auswärts zu übernachten. Er konnte sich stundenlang in seinem Zimmer, in der Küche oder im Wohnzimmer herumtreiben. An den Spuren der Unordnung, die er hinterließ, konnte ich immer erkennen, wo er zuletzt gewesen war. Seine Gegenwart zu Hause machte sich emotional und physisch stark bemerkbar.

Jetzt war die Tür zu seinem Zimmer verschlossen. Wir nahmen das Frühstück ohne ihn ein. Er war nicht da, um mich anzufauchen, wenn ich zu lange herumtelefonierte. Er brachte mein Zimmer nicht mehr in Unordnung. Ich stellte fest, daß ich all die Dinge an ihm vermißte, über die ich mich immer geärgert hatte. Das Haus schien mir leer ohne ihn.

Als ich ihn zum erstenmal in Uniform sah, brach ich in lautes Lachen aus: Die Sachen wirkten an ihm völlig deplaziert. Ich konnte mich nicht an den Gedanken gewöhnen, daß er von einem Tag zum anderen so hochaufgerichtet, so erwachsen geworden war. Dieser «Soldat» erinnerte mich noch immer an den Lausebengel, dessen entwaffnender Witz ihm zu allem und jedem Tür und Tor öffnete. Eine Flut der Erinnerungen an diesen Lümmel brach über mich herein.

Ich mußte an einen Vorfall zurückdenken, als er vielleicht sechs und ich dreieinhalb Jahre alt war. Großpapa benutzte ein Tonbandgerät, um seine Memoiren zu diktieren, und eines Morgens konnte er es nicht finden.

«Noa, hast du mein kleines Bandgerät gesehen?» fragte Saba.

Ich hatte beobachtet, daß Jonathan es, ohne zu fragen, aus Großpapas Schreibtischschublade geholt hatte, aber ich sagte kein Wort. Wir hielten zusammen. Aber ich konnte Großpapa auch nicht anschwindeln, deshalb blieb mein Kopf gesenkt; ich konzentrierte mich ganz auf meine Zeichnung und blieb stumm.

Zwei Tage später legte Jonathan das Gerät in die Schublade zurück, und ich wartete darauf, daß Großpapa es dort finden würde. «Ach, da ist ja mein Tonband», sagte er scheinbar überrascht. «Die ganze Zeit lag es direkt vor meinen Augen, und ich habe es nicht gesehen. Wie kann man nur so blind sein!»

Ich war sicher, daß er wußte, was passiert war, denn er hatte in den zwei Tagen überall danach gesucht. Doch da Jonathan, der «kleine Dieb», das Gerät zurückgebracht hatte, war die Sache für ihn erledigt.

Jetzt war der «kleine Dieb» ein Soldat. Und Großvater war unglaublich stolz auf ihn. Ganz aus freien Stücken hatte Jonathan sich zu den Fallschirmjägern gemeldet, eine Truppeneinheit, in der es ziemlich hart zuging.

In Israel ist es üblich, daß Verwandte und Freunde die jungen wehrpflichtigen Männer und Frauen am ersten Tag ihrer Einberufung zur zentralen Sammelstelle begleiten, und wir machten keine Ausnahme. Jonathan hatte vier Monate Grundausbildung vor sich; danach sollte seine Ausbildung als Fallschirmjäger und Sanitäter beginnen. Er war von zu Hause fort, aber er rief uns oft an, und wir schickten ihm Lebensmittelpakete mit Kaffee und Cornflakes.

Ich schrieb ihm regelmäßig, um ihn über den jüngsten Klatsch und Tratsch daheim auf dem laufenden zu halten und ihm zu sagen, wie schrecklich er uns allen hier fehlte. Ich zählte die Tage bis zu seinem nächsten Urlaub, den er unregelmäßig, aber im Durchschnitt alle zwei Wochen ein Wochenende lang bekam. Wir wußten, daß seine Fahrten zu uns im letzten Moment gestrichen werden konnten, und wir feierten erst, wenn er über die Türschwelle trat.

Seit meiner frühesten Kindheit hatten wir über den Frieden gesprochen. Und jetzt war Jonathan an der Front.

Nach seinen ersten vier Monaten wurde er zur West Bank abkommandiert und erlebte die Intifada als unmittelbar Beteiligter. Jetzt war er ein Teil des «Kriegs», der gegen steinewerfende Kinder geführt wurde. Er erzählte mir, daß er tagsüber Kinder jagte und des Nachts träumte, er würde von den Kindern gejagt. Wie viele andere junge israelische Männer seiner Generation wurde er zu einem Teil dieser historischen Pattsituation. Vier Monate lang war er dort stationiert, eine Ewigkeit, wie mir damals schien.

Doch die Gefahren, denen er auf der West Bank trotzen mußte, waren harmlos im Vergleich zu dem, was noch kommen sollte. Nach einer weiteren Phase der Grundausbildung schickte man ihn in das unsichere «Niemandsland» zwischen Israel und dem Libanon, wo alles mögliche passieren konnte. Jeden Tag blätterte ich die Zeitungen durch und versuchte alles zu lesen, was ich über diese Front finden konnte. Doch trotz aller Informationen, die ich mir verschaffte, fühlte ich mich haltlos.

Ich fing an, Alpträume zu kriegen. Ich träumte, daß man ihn getötet hätte. Auch Mama hatte keine ruhige Nacht mehr. Wir konnten nichts anderes tun, als uns gegenseitig unsere Träume zu erzählen. Das brachte uns einander näher, auch wenn ich nervös und reizbar wurde. Manchmal besuchte ich Freundinnen oder Freunde, einfach um mich abzulenken. Ich wollte wieder lachen können und meine düsteren Gedanken abschütteln, doch sie kamen Nacht für Nacht wieder zurück. Mama träumte, daß Jonathan verwundet worden sei, daß er rannte und stürzte, daß er Hilfe brauchte, während ich in meinen Tagträumen immer wieder an seinem offenen Grab stand.

Trotz der Unannehmlichkeiten des Lebens in der Armee versuchte mein Bruder, den Kopf oben zu behalten. Ich weiß noch, wie er an einem Wochenende nach Hause kam und zu meiner Mutter sagte: «Der Libanon ist ein schönes Land, er ist wie die Schweiz, nur daß in der Schweiz kein Krieg ist.»

Im Südlibanon war der Krieg nie weit weg. Eines Tages erfuhren wir, daß eine Rakete einem von Jonathans Schulfreunden den Kopf abgerissen hatte. Es passierte an einem Freitag, und unsere ganze Schule war am Sonntag bei der Beerdigung. Es war das erste Mal, daß ich am Sarg eines Soldaten stand, eines Soldaten in Jonathans Alter, jemand, der noch vor kurzem wie ich zur Schule gegangen und jetzt tot war.

Am Memorial Day wird jährlich der gefallenen israelischen Soldaten gedacht. Es ist eher ein Gedenktag für das übrige Land als für die trauernden Hinterbliebenen, denn sie brauchen keinen besonderen Tag, der sie an ihren Verlust erinnert. Erst heute weiß ich aus eigener Erfahrung, wie schmerzlich dieser Verlust sein kann.

Mehr denn je versuchte ich zu verstehen, um was der Krieg eigentlich geführt wurde. Es war mir eine Hilfe, Großpapa zuzuhören. Er hatte viel über Krieg und Frieden nachgedacht, und wenn wir miteinander redeten, merkte ich ihm an, daß es ihm keine Ruhe ließ. Wenn ein Soldat getötet wurde, nahm er es persönlich auf. Dann furchte er die Stirn und redete kein Wort. Er wollte genau wissen, was geschehen war, wann und wo. Der Tod eines einzelnen Soldaten bedeutete, daß etwas falsch gelaufen war. Jeder Tod mußte aufgeklärt werden.

Doch ich glaube, daß Saba jetzt, da sein eigener Enkel Soldat war, die Dinge in einem neuen Licht zu sehen begann. Es war, als wäre er selbst wieder Soldat geworden. Er strahlte förmlich vor Stolz, als Jonathan zum erstenmal in Uniform vor ihm erschien. Er legte ihm die Hand auf die Schulter, und mit jenem geheimnisvollen halben Lächeln nickte er wissend zur Verwandlung seines Enkelsohns.

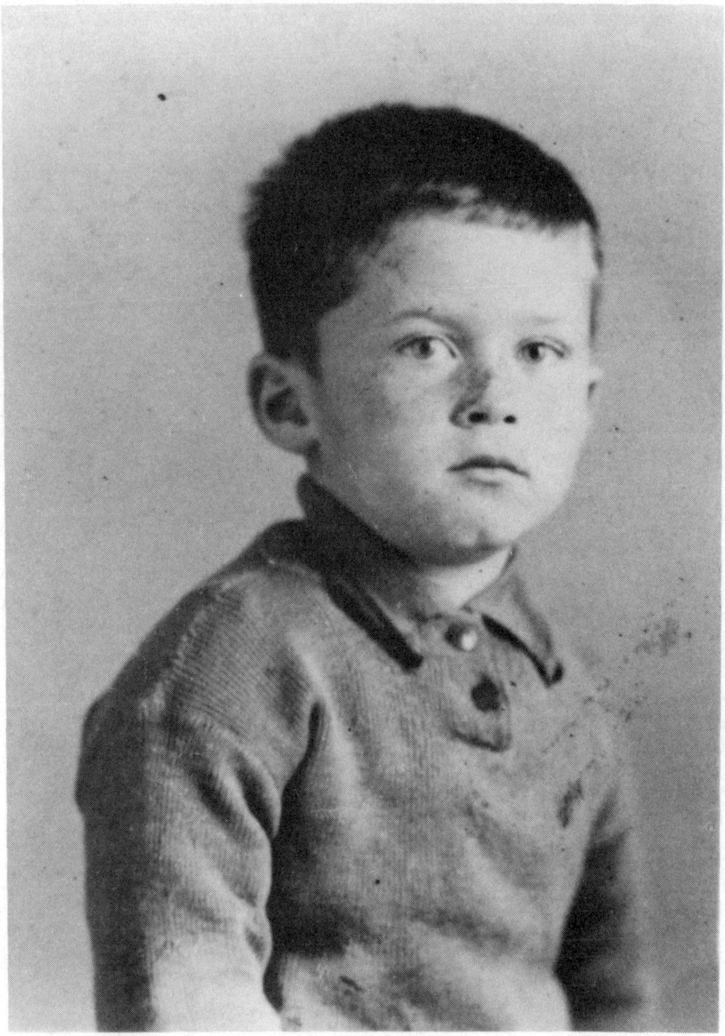

Jitzhak Rabin

Jitzhak Rabin

Doch seine Bewunderung war von einem Gefühl der Angst begleitet. Vor ihm stand die vierte Generation der Rabin-Familie, die eine Waffe trug, um das Existenzrecht Israels zu verteidigen. Er sah seinen Vater, er sah sich, seinen Sohn und jetzt seinen Enkel, die alle in den Kampf geschickt wurden. Sein früherer Schwiegersohn, mein Vater, hatte, ebenfalls in der Armee, eine schwere Verwundung erlitten. Wie viele weitere Generationen von Soldaten würden notwendig sein, um Israel sicher zu machen?

Ich möchte nicht behaupten, daß Großvaters Wunsch nach Frieden erst durch die Gefahren, denen Jonathan ausgesetzt war, geweckt wurde. Ich bin überzeugt davon, daß er immer den Frieden gewollt hat. Aber auf jeden Fall war er jetzt entschlossener. Und es gab noch einen zweiten, vielleicht bedeutsameren Unterschied zu früher: Seit Juni 1992 war Saba Ministerpräsident von Israel, und wenn es eine Chance für den Frieden gab, dessen war ich sicher, dann würde er danach greifen.

Nie hat er Angst um Jonathans Leben erkennen lassen, aber er machte sich zweifellos Sorgen um ihn. Eines Abends, als Großvater beim ägyptischen Botschafter zum Abendessen eingeladen war, rief Jonathan ihn an und sagte, er müsse ihn dringend sprechen. Und obwohl Saba immer größten Wert auf Pünktlichkeit legte und sich bereits etwas verspätet hatte, nahm er sich die Zeit. Er antwortete: «In Ordnung, ich habe zehn Minuten Zeit.»

Auf dem Weg zur Wohnung des Botschafters machte er bei uns Halt und setzte sich mit Jonathan ins Wohnzimmer. Etwa eine halbe Stunde lang diskutierten sie über Strategie und Karten und die verschiedensten militärischen Fragen, die Jonathan beschäftigten. Es war eine der seltenen Gelegenheiten, bei denen Großvater zu einer Verabredung zu spät kam. Diesmal hatte es etwas gegeben, das wichtiger war als Pünktlichkeit.

Von dem Augenblick an, als er wieder in die Politik ging und das Amt des Ministerpräsidenten antrat, weckte Großvater Hoffnungen auf den Frieden – so wie ich es mir insgeheim gewünscht hatte. Neun Monate zuvor war für kurze Zeit Optimismus aufgekommen, als Israel sich gemeinsam mit seinen traditionellen arabischen Feinden auf der Nahostfriedenskonferenz in Madrid an den Verhandlungstisch setzte. Doch dann waren die Gespräche ins Stocken gekommen. Um aus der Sackgasse herauszukommen, war Großvater bereit, Entgegenkommen zu signalisieren. Er versprach, den Bau neuer israelischer Siedlungen in den besetzten Gebieten «auf Eis zu legen», und sprach erstmals von einer «Autonomie der Palästinenser», wie sie im Abkommen von Camp David vorgesehen war. Außerdem streckte er der PLO und Jordanien die Hand der Freundschaft entgegen und bot an, den Konflikt mit Syrien zu beenden.

Kaum wurden die geheimen Friedensverhandlungen mit der PLO aufgenommen, schien mit Saba eine Veränderung vorzugehen. Er war in sich gekehrter, nachdenklicher und geschäftiger denn je. Heute verstehe ich, warum. Er kämpfte innerlich, um die Kluft zwischen seinem tiefsitzenden Mißtrauen gegen die Araber und seinem aufrichtigen Wunsch nach Frieden zu überwinden. Wenn ich daran denke, daß ich mich schon beim kleinsten Problem in mein Zimmer einschließe, kann ich mir vorstellen, wie heftig er mit sich gerungen hat, bevor er zu einem Entschluß gelangte, was für Israel am besten sei.

Natürlich hat er uns daheim nicht alles erzählt, was bei diesen Geheimverhandlungen besprochen wurde. Er fütterte uns eher mit versteckten Hinweisen auf sein Denken, einzelnen Häppchen an Informationen. Außerdem stellte er uns neugierige Fragen. Er wollte wissen, was junge Menschen dachten, welche Ideen und Probleme ich und andere in der Schule, in

Cafés oder auf der Straße erörterten. Schließlich war es unsere Zukunft, die er mit vorbereitete. Alle diese Reden, in denen wir etwas hörten vom «Aufbau eines Israel für künftige Generationen», begannen für mich plötzlich eine reale Bedeutung anzunehmen.

Manchmal wurde die Kluft zwischen den Generationen auch bei uns daheim sichtbar. Die Jugendlichen meines Alters waren in einem anderen Israel aufgewachsen als ihre Eltern und Großeltern. Wir genossen mehr Freiheit und Unabhängigkeit und hatten Rap, modische Kleidung und McDonald's, die das Leben für uns angenehm machten. Schon in jungen Jahren zogen wir in Gruppen herum, kamen oft erst lange nach Mitternacht nach Hause, redeten über alles und vergnügten uns. Wir wollten in Frieden leben. Und was mich betraf: wenn das bedeutete, bestimmte Gebiete zurückzugeben, warum nicht?

Ich hatte angefangen, mir über die Situation meine eigene Meinung zu bilden, und sie dürfte «links» von der Meinung meines Großvaters gelegen haben. Heute werden Linke und Rechte in der israelischen Politik vor allem in Hinblick auf ihre Einstellung zum Friedensprozeß definiert. Ich war der Ansicht, Israel müsse in seinem Bemühen um Frieden mit seinen Nachbarn mutiger sein. Obwohl ich mich nur noch schwach an den Libanonkrieg erinnern konnte und die Intifada und den Golfkrieg nur am Rande mitbekommen hatte, dachte ich viel über das Verhältnis zwischen Land und Sicherheit nach. Vor allem hatte ich den Eindruck, daß die Besetzung von «fremdem» Land nicht automatisch Sicherheit garantierte. Gewiß, in manchen Fällen konnte es ein strategisches Element sein, in anderen dagegen nicht.

Ich verspürte eine ungeduldige Sehnsucht nach Frieden, genährt durch Jonathans Dienst in der Armee und meinen natürlichen jugendlichen Optimismus. Doch Großvater erschlug mich nie mit Argumenten, wenn ich mit meinen Patentvorschlägen zu ihm kam. Stets hörte er mich geduldig zu Ende an, bevor er meinen Idealismus mit einer gehörigen Portion nüchternem Realismus dämpfte.

Die Generation Sabas mußte die Dinge einfach anders sehen. Sie hatte dafür gekämpft und ihr Leben gelassen, um Israel zu schaffen und Jerusalem zu vereinigen. Saba hatte persönlich in vielen Kriegen an der Front gestanden. Er kannte die Feinde besser als ich und war deshalb mehr auf der Hut.

Er wußte, daß für Israel alles darauf ankam, stark zu sein. Er wußte, daß wir keinen Frieden um jeden Preis schließen konnten. Doch als die Friedensgespräche sich festgefahren hatten, fand er auch den Mut zu sagen:

«Okay, die Sache wird nicht besser, also ändern wir unser Konzept, und versuchen wir etwas anderes. Wir haben in den vergangenen 2000 Jahren davon geträumt, auf diesem Land in Frieden zu leben, also versuchen wir's mit dem Frieden.»

Er hätte auch andere Möglichkeiten gehabt. Als die Verhandlungen ergebnislos verliefen, hätte er sich zurücklehnen und sich sagen können, na schön, bis jetzt haben wir alle unsere Kriege gewonnen, wir können die Palästinenser jederzeit besiegen, wir haben keine Angst vor Isolation. Wir wissen, wie man kämpft, und wir wissen, wie man siegt.

Doch Saba hatte den Mut und die Phantasie, an die Möglichkeit eines Friedens zu glauben. Für ihn und seine Altersgenossen erforderte dies ein völliges Umdenken in fast allem, was sie gelernt und erfahren hatten. Saba änderte seine Meinung, und das machte mich doppelt stolz auf ihn.

Alle Schritte in Richtung auf einen Frieden spalteten jedoch die israelische Bevölkerung, und seine erbittertsten Feinde waren die Parteien der extremen Rechten und der Orthodoxen.

Ein besonders schwieriges Problem warfen die Golanhöhen

auf. Bis 1967 diente der Golan als Abschußrampe für syrische Raketen, die auf israelische Siedlungen und Kibbuzim gerichtet waren. Beim Ausbruch des Sechstagekriegs nahmen unsere Soldaten innerhalb kurzer Zeit die Höhen ein und sorgten so für die Sicherheit der Dörfer im Tal. Doch im Jom-Kippur-Krieg vom Oktober 1973, als die Ägypter zum Sinai vorstießen, griffen die Syrer unsere Stellungen auf dem Golan an. Unsere Truppen konnten sich zwar behaupten, doch erst nach einer heftigen Panzerschlacht.

Jetzt standen die Golanhöhen wieder im Mittelpunkt der Friedensdebatte. Für Syrien war der Frieden mit Israel nur möglich, wenn die gesamten Golanhöhen zurückgegeben würden, während viele Israelis die Überzeugung teilten, man dürfe kein einziges der besetzten Gebiete wieder aufgeben. Ich persönlich vertrat die Meinung, wenn Syrien wirklich den Frieden wolle, müsse es sich mit einem Teil der Golanhöhen begnügen. Aber war Israel bereit, Syrien entgegenzukommen?

Ich hatte lange Diskussionen mit Großvater über dieses Thema, zum Teil, weil es mich bekümmerte, daß seine politischen Gegner ihn der Unaufrichtigkeit bezichtigten. Im Wahlkampf 1992 hatte er gesagt: «Wir werden nicht von den Golanhöhen weichen.» Doch bald nach seinem Amtsantritt stellte man ihn als den Mann hin, «der den Golan ausliefern wird, obwohl er das Gegenteil versprochen hat». Diese Anschuldigung kam nicht nur aus den Reihen der rechten Opposition, sondern auch von jungen Menschen meines Alters an der Schule. Und ich wußte nicht, was ich darauf antworten sollte.

Eines Abends während des Essens sprach ich das Thema an. Ich erzählte ihm von den Vorwürfen gegen ihn und hörte mir seine Antwort an.

«Im politischen Programm der Partei heißt es, ‹es wird keinen vollständigen Rückzug von den Golanhöhen geben›. Es ist demnach meine Absicht, nicht das gesamte besetzte Gebiet an Syrien zurückzugeben, sondern nur einen Teil davon als Gegenleistung für einen Frieden.»

Ich erkannte, daß dies zwar nur eine semantische, aber dennoch stichhaltige Unterscheidung war, die es mir ermöglichte, seinen Kritikern zu antworten und meine eigenen Zweifel auszuräumen.

Ich fragte ihn, ob es ihn beunruhige, daß seine eigenen Worte von der extremen Rechten als Propaganda gegen ihn verwendet würden. Darauf antwortete er ähnlich: daß er am Programm der Partei festhalte und daß es nichts Wichtigeres gebe als den Frieden.

Er machte sich allerdings nur selten die Mühe, seinen Kritikern unmittelbar zu antworten. Er hielt es nicht für nötig, seine Motive zu erläutern, da seiner Meinung nach sein Handeln für sich selbst sprach. Handeln war ihm wichtiger als Reden.

Ich hörte ihm jedesmal aufmerksam zu. Er konnte zu jeder Frage mit zahlreichen Detailkenntnissen aufwarten. Auf jedes Argument, das ich vorbrachte, antwortete er mit zehn differenzierten Gegenargumenten. Der Logik einer Beweisführung, die auf so viel Wissen und Erfahrung beruhte, konnte man sich nur schwer entziehen. Er behandelte in seinen Antworten jeden Punkt so erschöpfend, daß mir häufig keine Fragen mehr blieben, die ich stellen konnte.

«Mmmm ... ich muß zugeben, daß ich es zunächst anders gesehen habe, aber jetzt, wo du es mir erklärt hast ..., geht der Punkt an dich», sagte ich dann.

Ich nahm seine Argumente ernst, weil ich ihm glaubte. Zugleich betrachtete ich mich als seine Vertreterin, die die Pflicht hatte, anderen gegenüber seinen Standpunkt zu verteidigen.

Ich finde es wichtig, daß jeder Politiker in der eigenen Familie Verständnis findet. Er ist im Parlament und in den Medien so vielen Anwürfen ausgesetzt, daß er Ruhe und Unterstützung braucht, wenn er nach Hause kommt. In Sabas Fall war das kein Problem. Seine Familie bot ihm stets eine sichere Zuflucht.

1994 nahm ich zusammen mit anderen Jugendlichen an einer Livesendung des Fernsehens teil, in der man uns Fragen zur Friedenspolitik stellte. Unter den vielen Teilnehmern der Diskussionsrunde befand sich ein junger Mann aus Kiryat Arba, der stur gegen den Friedensprozeß eingestellt war. An seiner Kleidung konnte man erkennen, daß er tief religiös war. Aber zur Verteidigung seiner Position berief er sich keineswegs auf die Bibel. Er vertrat vielmehr die Ansicht, ein Friede sei nur möglich, wenn er von einer Position der Stärke aus angestrebt werde; wenn man darauf verzichtete, würde der Gegner alle Friedensbemühungen als Zeichen der Schwäche auslegen. Da der Friede der Lohn des Starken sei und Israel gegen die Palästinenser nicht gesiegt habe, so lautete sein Argument, forderten diese jetzt, daß Israel sich durch die Friedenspolitik der Regierung vor seinen Feinden zu beugen und seine Niederlage einzugestehen habe.

Der junge Mann wurde vom Interviewer gefragt, ob es ihm denn nichts ausmache, daß ein Friede, so wie er ihn verstehe, möglicherweise erst Generationen später zu erreichen wäre. Ob ihn nicht der Gedanke bedrücke, daß er eines Tages, falls er selbst eine solche Sendung im Fernsehen moderieren sollte, noch immer nur über die Möglichkeit statt über die Wirklichkeit eines Friedens sprechen müsse? Darauf gab der Jugendliche aus Kiryat Arba zur Antwort:

«Ich hoffe zwar, daß es nicht Generationen dauert, aber niemals dürfen wir unsere Heimat, niemals dürfen wir unser Land aufgeben.»

Ich erinnere mich, daß ein Teilnehmer an der Diskussion mich mit seinem Mut besonders beeindruckt hat. Er war fünf Jahre alt, als er seinen Vater durch einen Überfall der PLO verlor. Zehn Jahre später unterstützte und rechtfertigte er die Verhandlungen mit den Palästinensern. Er war nicht rachedurstig, er wollte keine Vergeltung an den Palästinensern. Ihm ging es um Versöhnung, in der Hoffnung, daß Leben wie das seines Vaters auf diese Weise gerettet werden könnte. Das war für mich ein Zeichen wirklicher Stärke.

Als die Reihe an mich kam, wählte ich meine Worte sorgfältig, da ich wußte, daß alles, was ich sagte, gegen meinen Großvater verwendet werden konnte. Der Interviewer ersparte mir jede direkte Auseinandersetzung mit der «Anti-Friedens-Lobby» und stellte mir eher allgemeine Fragen wie:

«... Wie würdest du Heldentum definieren?»

«Heldentum ist, wenn man etwas unternimmt, mit dem man einen Durchbruch erzielen will, und die volle Verantwortung dafür übernimmt, auch wenn es ein Fehlschlag wird», antwortete ich.

«Was bedeutet Frieden für dich?»

«Er bedeutet, daß ich mir keine Sorge um die Männer machen muß, die an den Grenzen patrouillieren ...»

Hätte man die Sendung sechs Monate später veranstaltet, dann hätten die Gegner des Friedensprozesses wahrscheinlich auf religiöse Argumente zurückgegriffen. Doch damals war dies, zumindest im Fernsehen, noch eine Seltenheit.

Die Gegner des Friedensprozesses blieben allerdings nicht lange kamerascheu. Ihre Argumentation folgt buchstabengetreu der Bibel. Sie berufen sich auf die Heiligkeit dieses Landes, das Gott uns gegeben hat. Sie behaupten, eine Rückgabe dieses Landes verletzte das Reich von König David und verstoße damit gegen den Willen Gottes. Wenn das Land Israel durch und durch heilig ist, dann hat der Schutz der Grenzen Vorrang vor dem Schutz des Lebens.

Doch für mich ist es der Friede im Land Israel, der heilig ist. Ich habe wenig gemeinsam mit den Vertretern der Position «Land um jeden Preis». Die Mehrzahl dieser Menschen hat eine völlig andere Bildung erhalten als ich. Extrem orthodoxe religiöse Schulen bringen ihren Schülern bei, sie müßten sich in allem nach der Bibel richten. Die Bibel bestimmt jeden ihrer Schritte. Ich komme nur selten mit solchen Schülern zusammen, weil wir in zwei getrennten Welten leben. Wir tragen nicht dieselben Kleider und verbringen unsere Freizeit nicht an denselben Örtlichkeiten. Sie pflegen einen traditionellen Lebensstil, streng nach der Bibel, während ich ein modernes, weltliches Leben führe.

Ich mag einem Volk angehören, das fast 4000 Jahre alt ist, aber ich bin neunzehn und möchte nicht immer auf die Anfänge verpflichtet werden. In unserer Familie halten wir bestimmte jüdische Traditionen ein wie das Fasten an Jom Kippur, aber nicht alle. Ich kann die Zehn Gebote auswendig. Dem Gebot «Du sollst nicht töten» fühle ich mich besonders verbunden. Es gibt ein weiteres, das ich gern einhalten möchte. «Du sollst kein falsches Zeugnis ablegen», wenn auch nicht in dieser negativen Form. Großvater, der nicht religiös war, hat es mich anders gelehrt:

«Noa, du mußt immer die Wahrheit sagen!»

Meiner Meinung nach muß man keine Religion praktizieren,

um zu glauben. Desgleichen müssen Religionen, die sich in der äußeren Form unterscheiden, nicht auch in ihrem Wesen gegensätzlich sein. Die Menschen vergessen leicht, daß Juden und Moslems denselben Gott haben; wir nennen ihn Elohim, und sie nennen ihn Allah.

Wir haben außerdem einen wichtigen Propheten gemeinsam; wir nennen ihn Abraham, bei ihnen heißt er Ibrahim. Der Hauptunterschied besteht darin, daß für uns Moses und andere Propheten Menschen waren, während für sie der Prophet Mohammed heilig ist. Wenn wir demnach so viel miteinander gemeinsam haben, warum können dann Juden und Araber nicht zusammenleben?

Andererseits müssen wir nach allem, was die Juden durchgemacht haben – nach der Diaspora, den Pogromen, dem zionistischen Kampf, dem Holocaust, der internationalen Isolation und den Kriegen –, wachsam sein. Wir müssen aufmerksam verfolgen, wie die Juden auf der Welt behandelt werden. Und wir müssen unsere Demokratie schützen.

Wenn ich meine Meinung frei äußern kann, dann deshalb, weil ich in einer Demokratie lebe, doch selbst in Israel hat sie ihre Feinde. Viele Rechtsextreme sehen in der Demokratie ein bequemes Mittel zur Erlangung politischer Macht. Doch ich bin nicht davon überzeugt, daß sie wirklich an die Demokratie glauben. Ihr Verhalten spricht jedenfalls nicht dafür.

Im Dezember 1995, knapp einen Monat nachdem Saba ermordet worden war, sah ich im Fernsehen ein typisches Beispiel für unsere Art von schwarzem Humor. Ein Komiker inszenierte einen Dialog in der Klasse einer religiösen Schule, deren Schüler lernen sollten, wie man das Wort Demokratie – im Hebräischen «demokratia» – richtig ausspricht.

«Ähh ... Demographia? ... Demotrakia? ... Demokrakia? ...»

«Schade, aber auf den Ursprung des Worts können wir jetzt nicht mehr eingehen», sagte der Lehrer schließlich. «Macht nichts, nächste Woche nehmen wir die Neun Gebote durch.»

Darüber mußte ich schallend lachen. Die Einsicht in die Absurdität des Lebens ist auch eine Methode, zu überleben.

Alles unter dem Himmel hat seine Stunde

Ein Händedruck macht Geschichte

Der 13. September 1993 wird immer im Gedächtnis bleiben als der Tag, an dem sich Saba und Yassir Arafat vor den Augen der Welt die Hände schüttelten. Doch fast hätte der feierliche Akt im Weißen Haus in Washington gar nicht stattgefunden.

Noch vier Tage vor der Unterzeichnung der Grundsatzerklärung, die die Voraussetzung für die palästinensische Autonomie schaffte, hielt sich Großvater in Jerusalem und Arafat im Hauptquartier der PLO in Tunesien auf. Erst in allerletzter Stunde schickte Arafat Großvater endlich jenes Schreiben, in dem sich die PLO vom Terrorismus lossagt und Israels Recht auf Existenz anerkennt. Als er es las, konnte Saba einen ironischen Kommentar nicht unterdrücken:

«Jetzt hat Arafat dieselben Probleme wie ich», sagte er.

Und das stimmte. Nach Meinung einiger Palästinenser hatte Arafat kapituliert; und nach Meinung einiger Israelis hatte Rabin ebenfalls kapituliert. Ich war natürlich nicht dieser Meinung. Saba hatte mir immer beigebracht, daß man stark genug sein muß, einen Krieg zu führen, um Frieden zu schaffen.

Doch es war trotzdem nicht leicht für ihn. Er hatte Arafat immer mißtraut. Wahrscheinlich tat er es immer noch. Wie kann ein ehemaliger Soldat einem ehemaligen Terroristen trauen? Sie hatten sogar gegeneinander gekämpft, Saba als Befehlshaber einer regulären Armee, Arafat, indem er von konspirativen Schlupfwinkeln aus Überfälle organisierte. Kein Wunder, daß es den Israelis, die Arafat immer als Terroristen gekannt hatten, ebenfalls schwerfiel, ihn anders zu sehen.

Doch Saba hatte noch einen anderen Spruch, der sich als äußerst nützlich für ihn erweisen sollte: «Über Frieden verhandelt man mit seinen Feinden, nicht mit seinen Freunden.» Ich glaube, manchmal mußte er sich selbst noch von seinem Tun überzeugen.

«Dieser Mann ist nicht mein Freund», sagte er immer wieder. «Arafat ist mein Feind, mit dem ich um Israels willen Frieden schließen muß.» Doch selbst wenn Frieden möglich war – konnte Großpapa sich je dazu überwinden, eine mit jüdischem Blut befleckte Hand zu schütteln?

Am Tage der Vertragsunterzeichnung in Washington saß ich mit einer Freundin von Mama und einer meiner Freundinnen bei uns zu Hause, während Jonathan bei der Armee war. Es war ein heißer Morgen in Washington und ein heißer Nachmittag in Tel Aviv. Die Straßen waren menschenleer. Wie die meisten Israelis verfolgten wir die Zeremonie im Fernsehen. Natürlich waren wir noch aufgeregter als die meisten, als wir Großpapa und Arafat zusammen mit Präsident Clinton aus dem Weißen Haus kommen sahen. Um Großpapas Mund spielte ein kleines Lächeln. Einmal erhaschte ich einen kurzen Blick auf Großmama – sie sah großartig aus. Es wurden Reden gehalten, und dann sprach Großvater, beredt und bewegend. Ich werde mich immer an seine Worte erinnern.

«Wir, die wir gegen Sie, die Palästinenser, gekämpft haben, wir sagen Ihnen heute mit lauter, klarer Stimme: Genug des Blutes und der Tränen! Genug. Wir hegen keinen Haß gegen

Sie. Wir haben kein Bedürfnis nach Rache. Wir sind wie Sie Menschen, die ein Haus bauen wollen, einen Baum pflanzen, lieben, Seite an Seite mit Ihnen leben wollen – in Würde, mit Verständnis füreinander, als menschliche Wesen, als freie Menschen. Wir geben heute dem Frieden eine Chance und sagen Ihnen: Es ist genug!»

Und dann zitierte er einige Verse aus dem Prediger Salomo: «Ein jegliches hat seine Zeit, und alles Vorhaben unter dem Himmel hat seine Stunde.

Geboren werden hat seine Zeit, sterben hat seine Zeit;
töten hat seine Zeit, heilen hat seine Zeit;
weinen hat seine Zeit, lachen hat seine Zeit;
lieben hat seine Zeit, hassen hat seine Zeit;
Streit hat seine Zeit, Friede hat seine Zeit.

Meine Damen und Herren, es ist Zeit für Frieden.»

Selbst jetzt, wenn ich die Rede noch einmal im Fernsehen sehe, wiederhole ich die Worte mit ihm, und meine Stimme vereint sich mit seiner: «... genug des Blutes und der Tränen.»

An jenem Tag aber hing nach der Unterzeichnung der Dokumente die unausgesprochene Frage in der Luft: Wird Rabin Arafat die Hand reichen?

Natürlich, er mußte. Es war mehr als eine Frage des Protokolls. Es war die symbolische Geste, auf die die ganze Welt wartete. Wir alle kannten den Widerstreit in seinem Inneren, und wir beschworen ihn aus der Ferne. Als er zu zögern schien, flehte ich ihn an:

«Bitte, Saba, bitte!»

Einige Sekunden lang schien die Welt stillzustehen. Clinton machte eine Körperbewegung, als wollte er Großpapa ermutigen. Arafat wartete – er wußte, daß er durch den einen Händedruck in den Augen eines Großteils der Welt vom Terroristen zum Friedensstifter würde. Doch das ganze Gewicht von Israels leidvoller Geschichte schien plötzlich auf Großvaters Schultern zu lasten. Ich konnte es an seinen Augen erkennen. Es kostete ihn eine enorme Anstrengung zu glauben, daß Israels Geschichte sich ändern könnte.

Schließlich streckte Großvater die Hand aus und ergriff Arafats Hand. Eigentlich kann ich nicht sagen, er «streckte» sie aus, denn sein Arm blieb leicht angewinkelt, als könnte er sich immer noch nicht richtig durchringen. Aber es reichte. Der hinter Großvater und Arafat stehende Clinton riß die Arme hoch wie ein siegreicher Box-Champion, wie ein stolzer Vater. Wir zu Hause in Herzliya, Tausende von Kilometern entfernt, wurden von Freude und Erleichterung überwältigt. Selbst diejenigen, die gegen das Abkommen waren, wußten, daß der Frieden jetzt eine Chance hatte.

Mir kam ein komischer Gedanke. Ich habe die Hände von Großpapa geerbt, und ich mag sie nicht leiden. Sie sind klein und voller Sommersprossen, die Finger kurz. Ich verstecke sie oft, zumal ich immer an den Nägeln kaue, wenn ich aufgeregt bin. Aber jetzt waren seine Hände oder zumindest seine rechte Hand in die Geschichte eingegangen. Und ich hatte das Gefühl, mich bei ihm entschuldigen zu müssen. An diesem Abend telefonierte ich mit Mama und Großmutter. Sie verbreiteten sich wortreich über die Rede, die Zeremonie, die Reaktionen aller Anwesenden, darüber, wie Großvater sich fühlte, über die Krawatte, die er trug, und über all die kleinen und großen Dinge, über die Familienmitglieder so reden, wenn sie sich auf entgegengesetzten Seiten der Erdkugel befinden.

Großpapas Reaktion nach seiner Rückkehr war eher nüchtern – selbst in historischen Augenblicken blieb er schüchtern: «Ich habe so viele Ehrungen im Leben erfahren, ich habe so viele außerordentliche Situationen erlebt, daß ich dachte, darüber hinaus könne es nichts mehr geben . . . und doch . . .»

Der Weg bis zum Rasen des Weißen Hauses war in der Tat lang gewesen. Vom Palmach-Freiheitskämpfer war er zum General aufgestiegen, zum Stabschef der Armee, zum Botschafter in den Vereinigten Staaten, zum Ministerpräsidenten. Dann war er gestürzt und hatte von vorn anfangen müssen. Doch er gab nie auf, auch nicht bei Rückschlägen. Und das war eine der Lehren, die er mir mitgab. Wenn ich enttäuscht war, weil etwas nicht so gelaufen war, wie ich hoffte, sagte er immer: «Ist nicht schlimm, Noale. Wer weiß, wozu es gut ist. Das nächste Mal wirst du es besser machen.» Immer brachte er es fertig, an ein «nächstes Mal» zu glauben.

1990 beschloß er, Shimon Peres die Führung der Arbeiterpartei streitig zu machen. Umfragen zeigten seine Popularität, während Peres Probleme hatte. Großvater glaubte, als Vorsitzender der Arbeiterpartei die Partei reorganisieren und vielleicht vorgezogene Wahlen durchsetzen zu können. Deshalb schlug er eine Neuwahl der Parteiführung vor.

Doch es reichte nicht, nur eine Neuwahl vorzuschlagen. Erst mußte die Partei darüber abstimmen, ob man die Parteiversammlung zur Nominierung der Kandidaten vorverlegen oder wie vorgesehen erst ein Jahr später abhalten wollte. Peres war gegen eine Vorverlegung, da er sich seiner schwachen Position bewußt war. Es war ein harter Kampf, den Peres gewann. Geschlagen kehrte Großvater mit einer Handvoll getreuer Anhänger nach Hause zurück. Wir bestellten für jeden eine Pizza, aber unsere Tränen verdarben den Geschmack. Bis heute sprechen wir in der Familie von diesem Vorfall als dem «Pizza-Abend».

Zum zweitenmal in dreizehn Jahren dachten viele Israelis, daß es nun mit seiner politischen Karriere zu Ende sei.

Eines Tages verkündete Avi beim Frühstück: «Letzte Nacht habe ich geträumt, Saba wäre Ministerpräsident geworden.»

Wir sahen ihn an, als wäre er übergeschnappt, aber bald danach, im Februar 1992, überraschte Saba uns wieder – diesmal, indem er Parteivorsitzender der Arbeiterpartei wurde, als die Wahlversammlung der Partei endlich stattfand. Neben Saba und Shimon Peres gab es noch zwei weitere Kandidaten, von denen niemand erwartete, daß sie gewinnen würden, die jedoch sowohl Saba wie Peres daran hindern konnten, das erforderliche Minimum von 40 Prozent der Stimmen zu erreichen. Ich erinnere mich daran, welchen nervenzermürbenden Abend wir verbrachten, während die Stimmen ausgezählt wurden. In der Wohnung meiner Großeltern in Ramat Aviv hatten sich Verwandte und gute Freunde versammelt. Die Spannung war unerträglich. Das Radio übertrug die Stimmenauszählung, die ständig zwischen den Kandidaten hin- und hersprang: mal war Saba vorn, dann wieder Peres.

In den frühen Morgenstunden verkündete Saba, er werde sich ein bißchen hinlegen. Alle waren verblüfft, daß er in einem solchen Augenblick an Hinlegen denken konnte. Unsere Nerven waren zum Zerreißen gespannt. Doch in Wirklichkeit wollte er gar nicht schlafen. Etwa zehn Minuten später nahm ich drei Gläser Whiskey mit in sein Schlafzimmer und machte Jonathan ein Zeichen, mir zu folgen. Saba streckte sich auf seinem Bett aus, mein Bruder und ich saßen neben ihm, und wir tranken und redeten über alles mögliche. Er war so ruhig, daß wir später zu dem Schluß kamen, er sei sich die ganze Zeit schon seines Sieges absolut sicher gewesen. Dabei war es ein Sieg um Haaresbreite, er hatte gerade 40,5 Prozent der Stimmen gegen 35 Prozent für Peres. Als das Ergebnis endlich um halb drei Uhr morgens durchgegeben wurde, fuhren wir alle zur Parteizentrale der Arbeiterpartei. Oh, wie haben wir in dieser Nacht gefeiert!

Es war ein Jahr mit vielen Festen. Am 1. März gaben meine Eltern in ihrem Haus in Herzliya eine Party zur Feier von Großpapas siebzigstem Geburtstag. Wir schmückten das Haus mit Fotos von ihm aus allen Phasen seines Lebens, und Dutzende seiner Freunde feierten zusammen mit der Familie. Dann kam die Wahlnacht im Juni. Diesmal versammelten sich Verwandte und Freunde um Großvater in seiner Wohnung, um die Wahlergebnisse im Fernsehen zu verfolgen. Auch dies war ein hartes Rennen. Ich weiß noch, wie die Hochrufe durch die Nachbarschaft schallten, als schließlich verkündet wurde, daß die Arbeiterpartei die meisten Stimmen erhalten hatte. Wir fuhren alle ins Hotel Dan in Tel Aviv, wo wir mit Freunden und Anhängern bis in die frühen Morgenstunden den Sieg feierten.

Avis Traum war also wahr geworden.

Was danach kam, ist schon Geschichte. Großvater verfügte nur über die allerknappste Mehrheit in der Knesset, und doch gab er den Anstoß zur Umkehr in der Siedlungspolitik – mit der vollen Rückendeckung der Arbeiterpartei. Vor allem aber wurden aus Großvater und Peres, den ehemaligen Konkurrenten, Freunde. Großvater genehmigte die Aufnahme von geheimen Verhandlungen mit der PLO; doch es war Peres, der als neuer Außenminister häufig die israelische Delegation bei den Gesprächen leitete, die unter norwegischer Schirmherrschaft an verschiedenen geheimen Orten außerhalb Oslos stattfanden.

Als der Friedensnobelpreis 1994 vergeben wurde, stand außer Frage, daß Peres gemeinsam mit Saba und Arafat geehrt werden würde. Gemeinsam hatten die drei für den Frieden gekämpft. Und am 10. Dezember 1994 standen sie deshalb auch zusammen in Oslo, um ihre Medaillen und Urkunden aus der

Hand des norwegischen Königs zu empfangen: Saba und Peres, einstmals politische Erzrivalen, und Arafat, der kaum zwei Jahre zuvor noch als Terrorist galt.

Ich verfolgte den Festakt zu Hause im Fernsehen. Großmama, Mama, Avi, Onkel Yuval und seine Frau waren alle zu diesem Anlaß mit nach Oslo gefahren. Ich erinnere mich, daß Saba nach Beendigung seiner Rede zu der einzigen Person hinübersah, deren Urteil ihm etwas bedeutete, und Savta nickte zustimmend. Als sie nach Israel zurückkamen, hatte ich den Eindruck, Savta sei stolzer auf den Preis als Saba selbst. Er freute sich darüber, daß seine Bemühungen Anerkennung gefunden hatten, doch ihm war klar, daß es noch viel zu tun gab.

Wann immer Großvater mit Arafat in der Öffentlichkeit auftrat, blickte er betont ernst. Er hatte die Hunderte von PLO-Terroristen getöteten Israelis nicht vergessen. Die gemeinsamen öffentlichen Auftritte waren ihnen unbehaglich, auch wenn sie Gelegenheit zu werbeträchtigen Fotos gaben. Er war sich dessen bewußt, daß viele Israelis es ihm nie verzeihen würden, wenn er den Eindruck erweckte, mit Arafat auf freundschaftlichem Fuß zu stehen. Und immer betonte er, daß es um Verhandlungen zwischen den Vertretern zweier Staaten und nicht etwa zwischen Freunden oder Brüdern ging. Wenn Arafat auf der anderen Seite des Verhandlungstisches sitzt, pflegte er zu sagen, dann deshalb, weil er der Feind ist.

Doch nach und nach entstand Vertrauen zwischen den beiden Männern. Großvater erkannte, daß Arafat ein ernstzunehmender Verhandlungspartner war, daß sein Wort Gewicht hatte. Im Laufe der Zeit ging Großvater sogar noch weiter und kam zu dem Schluß, Arafat sei eine integre Persönlichkeit. Und trotz aller Verzögerungen der Verhandlungen, die auf die Vertragsunterzeichnung im Weißen Haus folgten, wuchs sein Respekt für Arafat.

Das einzige Mal, daß ich dem PLO-Führer begegnete, war nach Sabas Tod, als er in die Wohnung meiner Großeltern kam, um Großmama und der übrigen Familie sein Beileid auszudrücken. Ich war wahnsinnig gespannt auf ihn. Bis dahin hatte ich ihn nur im Fernsehen gesehen, wo er immer eine Militäruniform trug und ein Palästinensertuch, eine Kefiya, um den Kopf geschlungen hatte. Plötzlich sah ich einen Mann mit dunkler Brille im langen Tuchmantel mit dunklem Hut und Schal hereinkommen. Er war nicht wiederzuerkennen. Er sah wie ein Privatdetektiv aus oder allenfalls wie ein entfernter Verwandter, der zu einem unangemeldeten Besuch erscheint.

Arafat hatte aus Sicherheitsgründen nicht an Sabas Beerdigung teilgenommen. Auch sein Kondolenzbesuch bei Großmutter fand unter höchster Geheimhaltung statt und wurde der Presse erst mitgeteilt, als er Tel Aviv schon wieder verlassen hatte. Avi war an der Planung beteiligt gewesen und hatte Arafat mit einem Wagen am Flughafen von Tel Aviv abgeholt.

Als Arafat die Wohnung betrat, küßte er alle – Großmama und Mama wurden dreimal auf den Kopf geküßt, Onkel Yuval erhielt drei Küsse auf den Kopf und zwei auf die Wangen, und auch Jonathan und ich wurden dreimal auf den Kopf geküßt.

«Shalom», sagte ich.

Wir setzten uns alle, und ich betrachtete ihn genau, um mich zu vergewissern, daß er nicht etwa drei Augen, vier Ohren und kleine, aus dem Kopf hervorsprießende Antennen hatte. Wir hatten Arafat, «den Feind», in unserem Haus. Doch der Mann vor mir war höflich, freundlich, plauderte ungezwungen, ja lächelnd. Seine Stimme war ruhig und sanft. Ich erinnerte mich, daß Großpapa uns erklärt hatte: «Er ist eigentlich richtig nett ...»

Wie gebannt saß ich da. Ich sagte kein einziges Wort außer «Guten Tag», «Shalom» und «Auf Wiedersehen». Fasziniert wurde ich Zeugin einer Fußnote zur Geschichte Israels. In Großpapas eigenem Wohnzimmer, inmitten von Fotografien von ihm in Uniform, seiner Büste und der Nobelpreis-Urkunde, saß der Führer der PLO, um seinen im Kampf gefallenen Friedenspartner zu ehren, um sein Wort zu verpfänden, daß er das gemeinsame Werk vollenden werde. Für mich war Arafat nicht mehr das Ungeheuer. Er nannte Großmama immerzu «meine Schwester». Dann war er also mein Großonkel.

Jetzt konnte ich erst richtig ermessen, was Saba geleistet hatte. Er hatte verstanden, daß es möglich war, mit diesem Mann Frieden zu schließen. Er hatte es riskiert, und es hatte sich ausgezahlt.

Was werde ich von ihm erben, frage ich mich? Er hatte eine Art, von Worten Gebrauch zu machen, die nicht immer allen gefiel. Einmal hatte er einen von Peres' Beratern «Peres' Pudel» genannt, und der arme Mann wurde den Spitznamen nie wieder los. Und die Siedler, die sich dem Friedensprozeß widersetzten, verglich er immer mit «den Flügeln einer Windmühle, die sich drehen und drehen». Soviel Wind sie auch machten, er trieb den Friedensprozeß weiter voran.

Ich glaube, am liebsten hätte ich etwas von Sabas Kraft, seiner Kraft, Niederlagen mutig einzustecken, seiner Kraft, etwas möglich zu machen, wozu es anderen nicht einmal an Vorstellungskraft reicht. Als er noch lebte, wies er mir den Weg. Nun, wo er tot ist, hoffe ich, daß die Erinnerung an ihn mich leiten wird.

In Auschwitz singen keine Vögel

Reise in die Vergangenheit

In meiner ganzen Schulzeit wurde uns die Geschichte der Juden als eine endlose Kette von Leid und Verfolgung dargestellt, die im Holocaust und in Hitlers Versuch gipfelte, alle Juden auszurotten. Es war nicht leicht für ein Kind zu verstehen, was ein Volk, mein Volk, getan haben konnte, um eine solche Strafe zu verdienen.

Ich war wohl etwa fünf Jahre alt, als ich die ersten Bilder vom Holocaust sah, die Deportationszüge, die ausgemergelten Gestalten, die man am Ende des Krieges in den Konzentrationslagern fand – Bilder, die mich immer wieder in Alpträumen heimsuchten, Schwarzweißträume, wie die Fotografien und Filme, die ich gesehen hatte. Ich selbst war in einem Zug, es gab kein Licht, Körper bedrängten mich, ich kriegte keine Luft. Alle anderen waren sterbenshungrig, die Körper nackt, die Köpfe geschoren, nur ich war normal gekleidet. Mich selbst sah ich in Farbe.

Mama erzählt, ich hätte immer wieder gefragt: «Aber wo war denn Gott? Warum hat er denn nichts unternommen?»

Kinder stellen unmögliche Fragen. Ich kann mich nicht daran erinnern, was meine Mutter sagte. Mit Sicherheit weiß ich nicht, wie ich selbst heute auf diese Fragen antworten würde. Aber als Kinder begriffen wir schließlich, daß die Diaspora, selbst der Holocaust, Gottes Art war, die Juden auf die Probe zu stellen. Wenn wir es zuließen, daß man uns vernichtete, dann verdienten wir auch keinen Platz auf der Erde. Doch da wir trotz allem überlebten, bekamen wir ein Land, unser eigenes Land, den Staat Israel.

Im August 1945 – Israel existierte erst als ein Traum – erklärte der Zionistische Weltkongreß:

«Was unserem Volk in Europa widerfahren ist, ist keinem Volk, das sein eigenes Land und seinen Staat hatte, widerfahren und hätte ihm auch nicht widerfahren können.»

Der Überlebensgedanke stand also immer im Mittelpunkt der jüdischen Vorstellung vom Staat Israel. Der Holocaust wurde zu einer Säule unserer nationalen Identität. Millionen von Juden wurden ausgelöscht, weil sie keine eigene Heimat hatten. Die Existenz Israels sollte dafür bürgen, daß sich so etwas niemals wiederholen konnte.

Der 19. April 1993 war der 50. Jahrestag des Aufstands der im Warschauer Ghetto eingeschlossenen Juden. Großvater wurde nach Polen zu den Gedenkveranstaltungen eingeladen. Es sollte sein erster Besuch in Polen sein und der erste Besuch eines israelischen Ministerpräsidenten in diesem Land.

Polen hat eine tiefe Wunde im jüdischen Gedächtnis hinterlassen. Im Zweiten Weltkrieg starben drei Millionen Juden, darunter viele Deportierte aus anderen europäischen Ländern, in den polnischen Todeslagern. Zum Zeitpunkt des deutschen Einmarsches in Polen im September 1939 lebten allein in Warschau über 400 000 Juden. Und binnen eines Jahres wurden sie in ein Ghetto getrieben, das durch eine drei Meter hohe Mauer abgeriegelt war. Ende 1941 waren mindestens 50 000 Juden im Ghetto an Hunger und Krankheit gestorben. Im Juni 1942 begannen die Massendeportationen, und binnen sechs Monaten waren rund 300 000 Warschauer Juden in Treblinka umgebracht worden. Schon zu Beginn des Jahres 1943 kündigten die Nazis an, das Ghetto zu zerstören.

Am 19. April 1943, einen Tag vor Hitlers Geburtstag, organisierten ein paar hundert vorwiegend junge Männer einen Aufstand. Ihre Waffen hatten polnische Widerstandskämpfer ins Ghetto geschmuggelt. Im Ghetto lebten noch immer etwa 60 000 Juden, und viele kämpften tapfer, auch unbewaffnet, nur mit bloßen Händen, obwohl sie keine Chance gegen die Übermacht der Nazis hatten. Drei Wochen lang rückten die Nazis vor, brannten Haus um Haus nieder, bis es für die meisten Anführer des Aufstands kein Entkommen mehr gab und sie Selbstmord begingen, um nicht in Gefangenschaft zu geraten. Dann – um das Maß vollzumachen – ordnete der Befehlshaber der Nazis obendrein noch die Zerstörung der Tłomacka-Synagoge an. Von der Handvoll tapferer jüdischer Kämpfer, die überlebten, ist ein halbes Dutzend noch heute am Leben.

Am fünfzigsten Jahrestag des Aufstands sollte deshalb nicht nur der Grausamkeit, sondern auch des Mutes gedacht werden. Großvater sollte in Begleitung einer offiziellen Delegation reisen, und als die Erziehungsministerin ankündigte, sie werde ihre Enkelin mitnehmen, erwiderte Saba: «Meine kommt auch mit.»

Mit Ausnahme von Großmama und Mama nahm er selten Familienmitglieder auf offizielle Reisen mit, doch dies war ein besonderer Anlaß. Mit sechzehn Jahren war ich alt genug, die Bedeutung der Reise zu verstehen, sowohl den Jahrestag des Aufstands als auch den ersten Besuch eines israelischen Ministerpräsidenten in Polen. Großmama gehörte natürlich ebenfalls zur Delegation.

Seltsamerweise hatten Saba und ich bis dahin niemals über

den Holocaust gesprochen. Da sowohl seine wie Großmamas Eltern schon in den zwanziger Jahren nach Palästina eingewandert waren, hatten wir keine nahen Verwandten, die durch die Nazis umgekommen waren. Bei mir zu Hause hingen keine Vorkriegsfotos verlorener Großtanten oder Onkel an der Wand, die im Holocaust umgekommen waren. Meine Kenntnisse über die Shoah stammten aus der Schule und aus Büchern, nicht aus mündlichen Berichten Überlebender.

Diejenigen, die überlebt hatten und nach dem Krieg nach Israel gekommen waren, hatten oft Probleme, über das zu sprechen, was sie durchgemacht hatten. Während sie versuchten, ein neues Leben aufzubauen, litten viele unter Schuldgefühlen, weil sie überlebt hatten, während der Rest der Familie vernichtet wurde, und sie fragten sich: «Warum ich? Warum nicht sie?»

Für meine Generation jedoch war der Holocaust weniger real. Ich stellte mir daher meine Fahrt nach Polen als eine Art Klassenreise vor, wo ich Fotos machen und vielleicht etwas aufschreiben würde. Endlich würde ich die schrecklichen Bilder, die mich in meinen Kinderträumen heimsuchten, einordnen, in einen Zusammenhang stellen können. Und wir würden den Polen zeigen, daß wir Juden heute anders waren. Ich stellte mir vor, wie ich ihnen sagen würde:

«Seht uns an! Wir sind nicht mehr die wehrlosen kleinen Juden, die ihr einfach habt abschlachten lassen! Wir sind Israelis. Wir sind nicht tot. Wir sind am Leben, stark und stolz!»

Und so fühlte ich mich schließlich auch.

Doch durch die Reise gewann der Holocaust auch für mich eine andere Realität als vorher.

Der erste Tag in Warschau war merkwürdig. Mit einer ganzen Horde von Journalisten und Fernsehteams, die Großpapa und Großmama auf den Fersen blieben, besuchten wir das Grab des Unbekannten Soldaten, ein riesiges Mausoleum – ein typisches Beispiel dafür, wie totalitäre Regime in Symbole investieren, nicht in Menschen. Am Grabmal stand eine militärische Ehrenwache aus jungen polnischen Solaten mit scharfen arischen Gesichtszügen und blondem Haar. Sie trugen gebügelte Uniformen und hohe Stiefel und salutierten mit Gewehren mit aufgepflanztem Bajonett. Es war schon beeindruckend.

Dennoch fühlte ich mich unbehaglich. Sie waren zwar nur «Spielzeugsoldaten», die man für die Parade brauchte, aber mir kamen sie wie eine arische Kampftruppe vor, die ihre Schwerter plötzlich gegen die Juden richten konnte. Und doch – warum fühlte ich mich bedroht? Zwei Generationen war der Holocaust jetzt her. Ich war in einem unabhängigen Israel aufgewachsen. Diese Soldaten standen zu unseren Ehren da, statt dessen aber berunruhigten sie mich. Vielleicht war es die Schroffheit des Ortes: ein finsteres Denkmal in unfreundlichem Wetter.

Als nächstes suchten wir verschiedene Orte der Warschauer Juden auf, auch den *Umschlagplatz*, wo Juden in die Züge nach Treblinka verladen wurden, und das Haus von Mordechaj Anielewicz, dem Anführer der Jüdischen Kampforganisation. Doch alles, was wir sahen, waren Gebäude, die nach dem Krieg anstelle der von den Nazis zerstörten Häuser errichtet worden waren. Für mich war das alles nicht bewegender als die alljährlichen Gedenkzeremonien zum Holocaust-Tag in der Schule. Warum hatte ich von so weit her kommen müssen, um dann doch nichts zu empfinden? fragte ich mich im stillen. Großpapa und Großmama versprachen mir, der nächste Tag würde bestimmt anders.

Am Abend nahmen wir an der eigentlichen Gedenkfeier für den Warschauer Aufstand teil. Der polnische Präsident Lech Wałęsa war da sowie Würdenträger aus der ganzen Welt, darunter der amerikanische Vizepräsident Al Gore. Großvater war natürlich einer der Ehrengäste. Reden wurden gehalten, und es gab eine audiovisuelle Vorführung, die den Aufstand für uns illustrieren sollte. Ich war immer noch nicht beeindruckt. Nichts konnte mich davon überzeugen, daß hier etwas gezeigt wurde, was tatsächlich an diesem Ort geschehen war. Es war nur wieder so eine Feier zum Gedenken an den Holocaust, weiter nichts.

Doch der nächste Tag war wirklich anders.

Er begann mit einem Rundgang über den jüdischen Friedhof in Warschau. Viele alte, eindrucksvolle Gräber mit Zitaten von Dichtern und Philosophen zeugen von der Bildung und Kultiviertheit der Warschauer Juden vor dem Krieg. Die Zeit hat ihre Schönheit nicht zerstören können. Wir standen vor einem Massengrab, in dem unzählige jüdische Opfer von Mord, Hunger und Krankheiten gemeinsam beerdigt worden sind, Menschen, die starben, noch bevor sie in eines der Todeslager kamen. An sie erinnert auch ein Denkmal, das Janusz Korczak und die Kinder seines Waisenhauses zeigt, die ebenfalls von den Nazis umgebracht wurden. All dies ließ mich allmählich begreifen, wie die jüdische Gemeinde Polens dezimiert worden war.

Dann fuhren wir nach Auschwitz.

Seit meiner Kindheit ist für mich «Auschwitz» das Symbol für eines der dunkelsten Kapitel der jüdischen Geschichte gewesen. In der Schule hatten wir gelernt, wie Auschwitz funktionierte. Es wurde auf Himmlers Befehl im April 1940 als KZ gebaut, als Konzentrationslager. Später wurde in der Nähe ein weiteres Lager errichtet, Birkenau – angeblich als Industrieanlage zur Herstellung von synthetischem Gummi. Doch das einzige, was dort wirklich industrialisiert wurde, war der Tod. Es gab fünf Gaskammern – sogenannte «Duschräume» – und fünf

Krematorien. Daneben gab es einen See, in den man die Asche der Opfer kippte, und ein Lagergebäude, wo man ihre Kleidung hortete.

In echter Nazi-Manier war alles bis ins kleinste Detail sehr effizient durchdacht. Wer nicht arbeiten konnte, wurde geradewegs in die Gaskammern geschickt und dann in den Krematoriumsöfen verbrannt; die übrigen arbeiteten bis zum Umfallen und starben entweder vor Erschöpfung oder wurden getötet. Im Krankenhaus führte der «Todesengel» Joseph Mengele Experimente an Kindern durch, vor allem an Zwillingen. Doch die Nazis waren auch Romantiker, erzählte man uns. Manchmal wählten sie sich ihre Opfer zu den Klängen von «Tosca»-Arien aus.

Das alles wußte ich. Jetzt würde ich es selbst sehen und fühlen.

Es war ein kalter Nebeltag. Wir flogen nach Krakau und wurden in einem Bus-Konvoi nach Auschwitz gefahren. Unterwegs kamen wir durch Dörfer, wo Bauern unsere israelischen Flaggen erkannten und fröhlich winkten, als wären wir ein Karnevalszug und nicht auf einer Pilgerfahrt zu einem Ort des Todes. Samuel Gogol, der Auschwitz überlebt hatte, betrachtete sie durchs Busfenster.

«Zur Hölle mit ihnen», meinte er angewidert. «Als die Deportationszüge hier durchkamen, hat keiner gewinkt. Keiner hat ein Wort gesagt.»

Unsere Fahrt ging durch wunderschöne Landschaft, und ich wunderte mich, wie die gräßlichsten Ereignisse der Menschheitsgeschichte in so einer ländlich-friedlichen Umgebung hatten stattfinden können.

Großpapa hatte einige weitere Überlebende des polnischen Grauens eingeladen, uns zu begleiten, die in dunkle Erinnerungen versunken waren. Auf der Busfahrt saß ich neben Shevach

Weiss, einem Überlebenden des Holocaust, dem Sprecher der Knesset. Mit im Bus war auch Menachem Stern, Arzt und Offizier der israelischen Armee, der im Krieg mehr Glück als die meisten anderen gehabt hatte. Seine Familie war von einer polnischen Familie versteckt worden und konnte entkommen, als sie zum Abtransport zusammengetrieben werden sollten. Doch immer noch denkt er mit Bitterkeit an Polen.

Als er und seine Angehörigen Polen nach dem Krieg mit dem Zug verlassen wollten und die Grenze erreichten, wurden sie von polnischen Soldaten gezwungen, sich auszuziehen, um sich nach «gestohlenen Gegenständen» absuchen zu lassen. Bis auf den heutigen Tag erinnert er sich an die haßerfüllten Blicke der polnischen Soldaten, die seine Angehörigen herumstießen und nach ihnen traten. Und jetzt war der angsterfüllte kleine jüdische Junge in der Uniform eines israelischen Offiziers nach Polen zurückgekehrt, und sein Traum wurde wahr, als ein polnischer Offizier vor ihm salutierte. Es war eine Genugtuung für ihn, aber auch für alle Juden, die ebensolche Demütigungen erlitten hatten.

Als wir das Lager erreichten, bemerkte ich, daß das Dorf Auschwitz ganz in der Nähe liegt. Was mochte den Dorfbewohnern durch den Kopf gegangen sein, als sie die überfüllten Züge mit all den verzweifelten Menschen hier ankommen sahen? Auch diese Gegend ist sehr grün, und gleich hinter dem Lager beginnt der Wald. Doch ich war betroffen von der Stille. Nach fünfzig Jahren singen noch immer keine Vögel in Auschwitz. Hatte nur ich diesen Eindruck? Nein, andere hatten es auch bemerkt: In Auschwitz gibt es keine Vögel.

Wir gingen durch das eiserne Tor unter dem Schriftzug der Nazis hindurch, der immer noch verkündet: «Arbeit Macht Frei.» Das war natürlich eine Lüge – die Menschen sollten glauben, sie kämen in ein Arbeitslager. Viele sahen das Schild im Dunkeln wahrscheinlich gar nicht. Und wenn sie es sahen, bemerkten sie vermutlich nicht, daß das «b» in Arbeit verrutscht war. Die Gefangenen, die das Schild schmieden mußten, hatten den Buchstaben absichtlich verschoben, um die Neuankömmlinge zu warnen, daß hier etwas nicht stimmte. Doch selbst die wenigen Ankömmlinge, die den Fehler entdeckt und seine versteckte Botschaft verstanden haben mochten, hatten keine Wahl: Sie mußten durch das Tor hindurch.

Ich dachte an die Juden, die hier angekommen waren, hungrig und krank von der Reise, kaum einen wärmenden Fetzen am Leib. Ich trug drei Schichten von Kleidung gegen die Winterkälte und fröstelte trotzdem.

Der Rundgang begann in einem Raum mit Papieren und Fotos, eine Dokumentation des Schreckens. Ein Foto zeigte eine von lachenden Nazi-Soldaten umringte junge Frau. Sie hielt ein Schild in der Hand, auf dem stand: «Ich bin eine jüdische Hurensau». Ein anderes Foto zeigte einen älteren Rabbi, dem Soldaten den Bart abschnitten.

Als nächstes sahen wir einen «Modellraum» mit einem eisernen Bett, Pyjamas, einem rostigen eisernen Nachttopf, einem alten Holztisch und Stuhl. Meine Phantasie lief auf Hochtouren. Alles wurde plötzlich so wirklich. Ich erstickte fast an meinen Gefühlen.

Dann standen wir vor einer roten Ziegelwand, der «Todeswand», wo Hunderte von Menschen täglich hingebracht und grundlos hingerichtet worden waren. Wir sagten das Kaddisch, das jüdische Totengebet. Es war ein sehr trauriger Augenblick. Alle waren aufgewühlt, auch meine Großeltern. Mein Magen hatte sich zusammengekrampft. Viele der Überlebenden weinten.

Wir gingen weiter zu einer anderen Abteilung, zu einer Reihe makabrer Schaufenster. Hinter dem ersten Glasfenster sahen wir Tausende von Zahnbürsten, Schuhbürsten, Rasierpinseln, Bürsten zum Schrubben ... Alles Bürsten, doch jede anders. Genau wie die Gefangenen: alles Juden, doch jeder ein Individuum mit einem eigenen Leben.

Ein anderes Fenster war gefüllt mit Tausenden und Abertausenden von Brillengestellen. Ich konnte die Augen hinter jeder Brille sehen, ausgetrocknete Augen, die tief in ihren Höhlen lagen. Es machte mich schon krank, nur an diese Augen zu denken. Ich sah zu Großpapa hinüber. Er war konzentriert, stellte Fragen. Er wollte jede Einzelheit wissen. Wann wurden die Brillen gesammelt? Wurden sie den Opfern vor oder nach dem Tod abgenommen? Das war Sabas Art, an die Dinge heranzugehen. Er mußte immer alles wissen.

Wir gingen an weiteren Fenstern entlang, auch sie angefüllt mit Erinnerungsstücken aus der Hölle: kaputte Puppen, ein Schnuller mit Blutflecken, Koffer mit Namen darauf, ein Gefäß mit menschlicher Asche ... Die menschlichen Wesen sind sehr klein, aber ihre Leben sind sehr groß. Als wir an dem Fenster voller Schuhe vorbeigingen, wurde mir schlagartig alles entsetzlich klar. Zu jedem Paar Schuhe gab es ein Paar Füße, zu jedem Paar Füße einen Körper, und jeder Körper hatte eine Seele. In diesem Augenblick verstand ich, daß es beim Holocaust nicht nur um den Tod ging: Es ging um das Leben von sechs Millionen Menschen. Tränen stiegen mir in die Augen, doch ich konnte nicht weinen. Ich stand unter Schock.

Von dort fuhren wir nach Birkenau, dem Nebenlager von Auschwitz.

An diesem Lager enden die Eisenbahnschienen, als müßte man daran erinnern, daß dies tatsächlich für die hier ankommenden Menschen das Ende bedeutete. Auf der einen Seite standen niedrige Baracken aus Stein, auf der anderen Seite solche aus Holz. Die meisten Holzbaracken waren am Ende des Krieges niedergebrannt worden; nur noch zwei nackte Schornsteine aus Stein standen da. In vielen Baracken hatten Frauen gehaust. Daß sie dort «lebten», kann man nicht sagen, denn Dutzende waren in jeder dieser engen Hütten zusammengepfercht worden und hatten auf schmalen Pritschen schlafen müssen, kaum größer als eine Schublade.

Jenseits dieser Gebäude standen die Überreste eines Krematoriums. Es war von alliierten Bomben getroffen und nicht wieder aufgebaut worden. Dort hielten wir einen kurzen Gottesdienst ab.

Samuel Gogol hatte versprochen, bei dieser Gedenkfeier auf seiner Ziehharmonika zu spielen, die ihm in Auschwitz das Leben gerettet hatte. Seine Eltern waren bei einem Autounfall gestorben, als er noch klein war, und er war in Janusz Korczaks Waisenhaus gekommen, weil seine Großmutter sich nicht um ihn kümmern konnte. Doch am Abend bevor die Nazis kamen und das Waisenhaus auslöschten, bestand Korczak darauf, daß Gogols Großmutter den Jungen zu sich nahm und sich mit ihm versteckte. Aber Korczaks Vorschlag kam schon zu spät – sie wurden von polnischen «Freunden» an die Nazis verraten und nach Auschwitz geschickt.

«Bei unserer Ankunft wurden wir getrennt», erzählte mir Gogol unterwegs, «Frauen und Kinder auf die eine Seite, die Arbeitsfähigen auf die andere. Meine Großmutter kam gleich zu den Todeskandidaten. Aber ich stellte mich auf die Zehenspitzen, damit ich größer aussah, und wurde zum Arbeitsdienst bestimmt. Sonst wäre ich zusammen mit den anderen Kindern umgebracht worden. Ich konnte meine Ziehharmonika retten, und nachts spielte ich leise darauf», erzählte er weiter. «Nur sie hat mich davor bewahrt, verrückt zu werden. Doch eines Abends konnte ich sie nicht finden. War sie gestohlen worden?

Einige Tage später entdeckte ich sie in den Händen eines anderen Gefangenen, eines schlafenden alten Mannes. Ich weckte ihn und bot ihm meine Essensration einer ganzen Woche an, wenn er sie mir wiedergäbe. So bekam ich sie zurück.»

Einige Zeit später steckte ein Nazi-Offizier, beeindruckt von Gogols musikalischer Begabung, ihn in das «Todesorchester». Das war eine weitere Erfindung dieser «romantischen» Nazis: ein jüdisches Orchester mußte spielen, während andere Juden in den Tod geführt wurden.

«Ich sah die anderen vorbeigehen und wußte, daß sie sterben mußten, doch ich konnte nichts sagen», erinnerte er sich. «Ich mußte spielen, sonst hätte man mich auf denselben Weg geschickt, doch in die Augen sehen konnte ich ihnen nicht. Deshalb spielte ich immer mit geschlossenen Augen. Und seither schließe ich immer die Augen, wenn ich auf meiner Ziehharmonika spiele.»

Er erzählte seine Geschichte schnell, als wollte er mich nicht mit dem ganzen Gewicht seines Schmerzes erdrücken. Er erzählte nichts von der Befreiung des Lagers, von seinem späteren Leben. Seine Erinnerungen waren alle in die Ziehharmonika eingeschlossen. Und wenn er darauf spielte, stürzten sie wieder auf ihn ein.

Diesmal würde er mit offenen Augen spielen, hatte er versprochen. Seine zu Herzen gehende melancholische Musik brachte viele von uns zum Weinen. Sogar Großpapa schien den Tränen nahe. Doch auch nach fünfzig Jahren und unter Freunden schaffte Gogol es immer noch nicht, die Augen zu öffnen.

Auf dem Flug nach Hause bedankten sich viele der Überlebenden bei Großpapa, daß er die jüdische Ehre wiederhergestellt habe. Als Gogol an die Reihe kam, sagte er:

«Danke, daß Sie mir ermöglicht haben, als stolzer Jude in die

Hölle zurückzukehren, als Bürger einer freien Nation, einer Nation mit einem bedeutenden Staatsoberhaupt.»

Großvater lächelte und errötete ein wenig.

Jetzt könne er in Frieden sterben, erklärte Gogol. Der Kreis seines Lebens hatte sich für ihn geschlossen. Und nur einen Monat später schloß er die Augen. Noch für jemand anders in der Delegation, Simcha Holtzberg, der seine ganze Familie im Holocaust verloren hatte, war diese Reise der Höhepunkt seines Lebens. Bald nach seiner Rückkehr nach Israel starb auch er.

Auch ich dankte Saba. Die Reise hatte mich etwas sehen, hören und fühlen lassen, das ich vorher nie begriffen hatte. Erst nach Auschwitz verstand ich die Kraft stiller Erinnerungen. Erst jetzt, während ich darum ringe, meine Reaktionen zu beschreiben, begreife ich, daß es für einige Ereignisse buchstäblich keine Worte gibt. Ich hoffe nur, daß meine Freunde und andere junge Israelis ebenfalls nach Auschwitz reisen können, um die Stille dort zu hören. Auf diese Weise werden auch wir nie vergessen, was die Überlebenden niemals vergessen können.

Ich glaube, daß die Überlebenden so lange Zeit schwiegen und Gefangene ihres Leidens waren, weil sie das Gefühl hatten, niemand wolle ihre Geschichten hören. Jetzt gibt es einen Telefondienst, der von einer Organisation namens Amcha betrieben wird, wo man ihnen zuhört. Wenn ein Überlebender nicht schlafen kann, wenn er von Alpträumen geweckt wird, kann er diese Telefonnummer anrufen. Dort können sie über verlorene Familienmitglieder sprechen, können laut darüber nachdenken, ob sie etwas hätten tun können, um sie zu retten, können fragen, warum sie selbst noch am Leben sind. Und viele tun das auch.

Ich kann verstehen, daß sich viele Überlebende einsam fühlen. Meine Generation in Israel geborener Sabras, für die die Araber der Feind waren, nicht die Deutschen, hat wenig Zeit für den Holocaust. Wir sprechen sehr selten davon. Wir wissen zum Beispiel, daß Adolf Eichmann in den sechziger Jahren aus Argentinien verschleppt und nach Israel zum Prozeß gebracht und wegen Verbrechen gegen die Menschlichkeit hingerichtet wurde. Doch das war lange bevor wir zur Welt kamen.

Gelegentlich kehrt diese Vergangenheit in die Schlagzeilen zurück. In den achtziger Jahren wurde John Demjanjuk, der Mann, den man für den Schlächter von Treblinka hielt, von den Vereinigten Staaten ausgeliefert und in Israel vor Gericht gestellt. Das Verfahren in Jerusalem dauerte sieben Jahre, und zu jedermanns Erstaunen wurde Demjanjuk schließlich freigesprochen. Viele Zeugen erkannten ihn, doch es blieben Zweifel an seiner Identität, und das genügte. Für das heutige Israel sind Respekt vor Demokratie und Gerechtigkeit wichtiger als alle Rachegelüste.

Der Holocaust mag der Geschichte angehören, doch er war der Preis, den wir gezahlt haben, um eine Nation zu werden. Auschwitz war wie die Todeswiege, die zukünftigen Generationen von Israelis das Leben geschenkt hat. Und wenn sie, die durch diese Hölle auf Erden gegangen sind, nicht sprechen können, dann müssen wir lernen, auf ihr Schweigen zu horchen. Sie haben ein Recht darauf, gehört zu werden. Sie sagen uns, daß so etwas nie wieder geschehen darf, daß Juden nie wieder mit gesenkten Köpfen zur Schlachtbank geführt werden dürfen. Sie sagen uns, daß wir niemals vergessen dürfen.

Das Land der Juden

Großvaters Botschafterin

Im Laufe der letzten zwanzig Jahre sind immer wieder Gruppen junger Israelis ins Ausland gereist, um andere Länder kennenzulernen und – vielleicht noch wichtiger – den Jugendlichen dort von Israel zu erzählen. Diese Jugenddelegationen werden gemeinsam vom Erziehungsministerium und vom Außenministerium organisiert. Im Februar 1994 bestand ich als einer von 64 Teenagern, die in die ganze Welt geschickt werden sollten, die mündlichen und schriftlichen Auswahlprüfungen. Das Ziel meiner Gruppe, bestehend aus drei Mädchen und drei Jungen, war Großbritannien. Ich reiste als Noa, ein israelischer Teenager, nicht als Ministerpräsident Rabins Enkelin.

Vor unserer Abreise nahmen wir an einem zweiwöchigen Seminar in Jerusalem teil, wo wir auf das Land, das wir besuchen sollten, und auf die dort zu erwartenden Fragen vorbereitet wurden. Außerdem erhielten wir ein Grundwissen über Israel, um gut gerüstet zu sein. Zum Glück wurde nicht erwartet, daß wir als geschliffene Diplomaten aufträten. Wir sollten einfach Schulen besuchen und mit Schülergruppen über unser Land reden – und das in einer für sie verständlichen Sprache.

Wir reisten immer paarweise. Mein Partner war Dan Arad, und wir vertrugen uns glücklicherweise bestens. Anfangs fand ich es ziemlich einschüchternd, zu einer Menge von bis zu hundertzwanzig Schülern zu sprechen. Doch da man uns während des Seminars gut vorbereitet hatte und noch ein ordentlicher Adrenalinstoß hinzukam, ging es dann doch ganz gut.

Dan und ich gaben uns Mühe, unsere vorbereiteten Ausführungen über unser Land und unsere Lebensweise eher locker rüberzubringen, nicht wie einen Vortrag. Wir waren nicht zum Predigen gekommen. Das schien dem Publikum meist auch zu gefallen. Die Schüler stellten nur wenige Fragen zur Politik, sie wollten vielmehr wissen, wieweit wir uns von ihnen unterschieden.

Welche Musik hört ihr gern? Wie sind eure Lehrer in der Schule? In welchem Alter kann man den Führerschein machen? Ab wann darf man Bier trinken? Gibt es in Israel auch McDonald's und Coca-Cola? Was macht ihr am Wochenende? Geht ihr zum Gottesdienst?

Langsam dämmerte es uns, daß englische Jugendliche nur sehr wenig über Israel wußten – beziehungsweise daß das, was sie wußten, falsch war. Viele schienen zu meinen, daß Israel so groß wie Afrika sei, daß wir auf Kamelen ritten, daß wir alle mit Gewehren herumliefen und sehr fromm seien. Ich fand diese Karikatur lustig – die dachten wohl, wir lebten im Mittelalter!

Dan und ich erkannten schnell, daß wir ganz von vorn beginnen mußten, sonst würden unsere Zuhörer keine richtige Vorstellung von unserem Land bekommen. Es war gar nicht so einfach, alles richtig im Zusammenhang darzustellen und dabei keine wichtigen Aspekte unserer Kultur auszulassen.

Wir begannen damit, zu erklären, daß Israel das Land der Juden sei, daß diese Juden aber aus vielen Ländern gekommen seien und verschiedene Sprachen und Kulturen mitgebracht hätten. Wir brauchten also eine gemeinsame nationale Sprache und hatten das Hebräische gewählt. Das war die alte Sprache der Juden, sagten wir, die jedoch fast ausgestorben war. Noch vor fünfzig Jahren wurde sie kaum irgendwo gesprochen. Jetzt spricht fast jeder Israeli Hebräisch. Natürlich mußten wir viele moderne technische und wissenschaftliche Begriffe assimilieren, aber mittlerweile haben wir sogar unseren eigenen Slang.

Schwieriger fanden wir es schon zu erklären, daß Israel praktisch in zwei Gesellschaften gespalten ist, in eine religiöse und eine weltliche, eine alte und eine neue, eine traditionelle und eine moderne. Es war schwer, ihnen das klarzumachen, denn westliche Länder sind sehr viel homogener. Die Jugendlichen in diesen Ländern ziehen sich ziemlich ähnlich an, essen das gleiche, hören die gleiche Musik und haben alle etwa den gleichen Bildungsstandard. In Israel hingegen leben zwei Welten Seite an Seite.

Ich glaube, viele junge Leute im Westen haben Probleme damit, zu verstehen, wie Israel gleichzeitig eine moderne Demokratie und ein religiöser Staat sein kann. Bei uns gibt es sehr fromme Menschen, deren gesamtes Leben von der Thora, einer heiligen Schrift, bestimmt wird.

Der Sabbat wird bei uns an jedem Samstag strenger befolgt, als viele Menschen im Westen den Sonntag zu heiligen scheinen. Zu Jom Kippur, unserem Versöhnungstag, steht alles still, auch der Verkehr, Radio und Fernsehen. Es ist ein Tag der Buße und des Fastens.

Wir erklärten auch, daß die Bibel für uns mehr ist als nur ein religiöser Text; sie erzählt auch die Geschichte des jüdischen Volkes, sie ist ein großes Werk der Literatur, und außerdem ist sie eine Fundgrube von Antworten auf alle möglichen Fragen.

Bevor es jedoch dem jungen Publikum zu langweilig werden konnte, erinnerten wir sie an die andere Seite Israels, die moderne westliche Seite, der wir selbst angehören. Ja doch, wir gehen ins Kino, ins Theater, in gute Restaurants, wir hocken in überfüllten Cafés, wo wir Cola trinken, Kleinigkeiten essen, uns unterhalten und lästern. Wir tanzen gern zum neuesten Sound, sehen MTV, machen jede Mode mit und kommen oft erst am frühen Morgen nach Hause.

«Genau wie ihr», sagten wir immer.

Und doch ließen mich die Vorbereitungskurse, die wir besuchten, bevor wir öffentlich über Israel sprachen, wie nie zuvor erkennen, daß ich in einem Land voller Widersprüche lebe. Dank unserer hervorragenden Telekommunikation hat unsere Telefongesellschaft ein Faxgerät in der Nähe der Klagemauer installiert.

Statt selbst zu kommen, wie es Tausende von Menschen jährlich tun, kann man heute seine Botschaft per Fax von jedem Ort der Welt aus schicken, wenn man ein Gebet oder eine Bitte an Gott in einen Spalt dieser heiligen Mauer stecken möchte. Ein Angestellter der Telefongesellschaft hat die Aufgabe, Ihr Anliegen stellvertretend für Sie in einen Mauerspalt zu stekken. Ebenso haben wir auch moderne Glasfronten in Tel Aviv und daneben, nur wenige Kilometer entfernt, das uralte steinerne Jerusalem. Das Hebräische ist unsere offizielle Sprache, doch ebenso häufig hört man Russisch, Englisch, Spanisch, Griechisch und natürlich Arabisch in unseren Straßen.

«Warum leistet ihr eigentlich alle Militärdienst?» werden wir oft gefragt.

Das war der Hauptunterschied zwischen uns und den englischen Jugendlichen. Die allgemeine Wehrpflicht wurde 1950 in Großbritannien abgeschafft, daher fanden die Schüler es merkwürdig, daß wir alle zur Armee gingen, während sie vielleicht zwischen Schule und College ein freies Jahr dazu nutzten, in der Welt herumzureisen.

«Jungen leisten jetzt zweiunddreißig Monate Wehrdienst, Mädchen siebzehn Monate», sagte ich. «Ihr wundert euch vielleicht, aber wir finden das nicht schlecht, denn dort wird man schnell erwachsen und hat Zeit, darüber nachzudenken, was man später im Leben machen möchte.»

Wir erklärten, wir könnten häufig wählen, was wir in der Armee tun wollen. In meinem Fall hoffte ich, irgendwo im Medienbereich eingesetzt zu werden – das war ein Fach, in dem ich auch in der Schule schon Kurse belegt hatte.

«Nein, nein, wir sind keine blutrünstigen Soldaten, die mit dem Gewehr im Bett schlafen», erklärte ich immer wieder und erregte damit Gelächter. «Natürlich lernen wir, mit einem Gewehr umzugehen, aber wir lernen auch Erste Hilfe, militärisches Grundwissen und vor allem Disziplin.»

Wir betonten auch immer, daß die Armee uns als Land zusammenschweißt. «Wir sind ein solcher Schmelztiegel voller Menschen verschiedenster Herkunft, und die Armee wirkt wie eine Art Gußform, die uns eine gemeinsame Identität verleiht.»

«Was ist denn nun genau der Unterschied zwischen einem Juden und einem Israeli?»

«Juden gibt es in der ganzen Welt, so wie es überall Christen und Moslems gibt; Israelis leben in Israel», antwortete ich. «Doch selbst in Israel gibt es jüdische Israelis, moslemische Israelis, christliche Israelis und sogar Israelis, die überhaupt keiner Religion angehören.»

Es war seltsam. Ich hatte das Gefühl, über das Leben junger Engländer eine ganze Menge zu wissen, sie hingegen wußten gar nichts von uns. Man hatte uns schon darauf vorbereitet, daß es so sein würde, doch jetzt erst begriff ich, wieviel Geduld man als Botschafter braucht.

Dan und ich fanden es besonders wichtig, unseren Zuhörern eine Vorstellung davon zu geben, wie klein Israel in Wirklichkeit ist. Nur so konnten sie Israels geographische Verwundbarkeit richtig einschätzen, und sie würden leichter verstehen, warum Israel so oft Krieg mit seinen Nachbarn geführt hatte.

Unser bevorzugtes Verfahren war ganz einfach. Wenn wir konnten, hielten wir eine Landkarte von Israel und dem Mittleren Osten hoch und zeigten auf Israel.

«Israel ist gerade so groß wie Wales», sagten wir, «es hat jedoch nur halb so viele Einwohner wie London. Stellt euch also vor, die Hälfte der Londoner verteilt sich über Wales – dann habt ihr Israel. Wir haben Berge und Strände. Im Winter können wir morgens Ski laufen, und sechs Autostunden entfernt können wir nachmittags in der Sonne am Strand liegen.

Wenn ihr jetzt einmal auf eine Weltkarte seht, werdet ihr feststellen, daß alle arabischen Länder zusammen ein Gebiet von der Größe Amerikas einnehmen. Und dann vergleicht Wales damit – stellt euch vor, die USA würden Wales umgeben und bedrohen. Das ist der Grund, weshalb wir uns so klein und angreifbar fühlen und immer verteidigungsbereit sein müssen.»

Als wir Israel verließen, hatte man uns eine friedliche Reise versprochen. Doch es kam ganz anders. Am Morgen nach unserer Landung in London erreichten uns entsetzliche Nachrichten von zu Hause. Die Schlagzeilen aller englischen Zeitungen waren voll davon.

Am 25. Februar 1994 war Baruch Goldstein, Mitglied einer rechtsextremen militanten Gruppierung namens Kach, in die Moschee in Hebron eingedrungen, wo sich die Gräber der Patriarchen befinden, und hatte das Feuer auf die moslemischen Gläubigen eröffnet, die dort den Ramadan begingen. Über dreißig Menschen wurden getötet, Dutzende verwundet.

Hebron in der West Bank ist eine der ältesten Städte der Welt. Und auf einem Hügel steht das Grab der Patriarchen, gleichermaßen verehrt von Juden und Moslems. Auf dem Grab wurde über einer ehemaligen Synagoge eine Moschee errichtet, und seit dem Sechstagekrieg von 1967 hatten beide Religionen Zugang zu dem Heiligtum. Doch statt ein Ort zu werden, der Juden und Moslems vereint, war das Heiligtum ein ständiger Quell von Spannungen zwischen Extremisten beider Seiten. Seit der Wiedereroberung 1967 patrouillierten dort israelische Soldaten, und seit der Intifada konnten keine Autos mit israelischen Kennzeichen mehr dort durchfahren, ohne mit Steinen beworfen zu werden. Hebron wurde zum Schauplatz häufiger Konfrontationen zwischen Juden und Moslems, israelischen Soldaten und arabischen Jugendlichen.

Doch jetzt war etwas Unvorstellbares passiert. Hier ging es nicht um Araber oder Juden. Dies war ein Massaker an Unschuldigen. In Hebron waren unmittelbar danach Aufstände ausgebrochen, Arafat hatte eine Sondersitzung des Sicherheitsrates der Vereinten Nationen beantragt, und die Friedensgespräche waren akut gefährdet.

Großvater war am Boden zerstört. Angesichts dieser Morde schäme er sich, ein Israeli zu sein, erklärte er.

Und wie sollte ich mich verhalten? Wie sollte ich jungen Engländern und Engländerinnen erklären, warum ein verrückter Israeli während des Freitagsgebets plötzlich wie wild auf eine Gruppe von Arabern geschossen hatte? Ich konnte mir genau vorstellen, was Großvater empfand, aber ich konnte mich so nicht äußern. Ich war doch jetzt in diplomatischer Mission unterwegs und konnte nicht einfach sagen, ich schämte mich, Israeli zu sein. Ich mußte versuchen, das zu erklären.

«Auf beiden Seiten gibt es Fanatiker, die bereit sind, alles zu tun, um den Friedensprozeß aufzuhalten», sagte ich. «Die palästinensischen Extremisten wollen einen moslemischen, judenfreien Staat in Palästina gründen, während die israelischen Extremisten meinen, sie hätten ein biblisches Recht auf das Land, auf das die Palästinenser Anspruch erheben. Beide Seiten kämpfen, um einen Friedensprozeß zu vereiteln, in dem es allein darum geht, den Staat der anderen und die Rechte seiner Bürger anzuerkennen. Der Preis für den Frieden ist Versöhnung und Kompromiß. Wenn wir daran glauben, dürfen wir nicht zulassen, daß sie Erfolg haben.»

Damals kam ich zu der Erkenntnis, daß ich keine gute Politikerin abgeben würde. Meine Erklärung bereitete mir allzuviel Unbehagen. Ich wollte, daß Israel in den Augen der Welt gut dastand – doch ich mußte auch ehrlich bleiben. Ich muß gestehen, daß es mir schwerfiel, mit den Engländern, mit denen wir zusammenkamen, über Politik zu diskutieren.

«Wieso besetzt ein demokratisches Land überhaupt ein anderes Land?» wurden wir einmal gefragt.

«Das Ziel des Krieges von 1967 war nicht die Besetzung von Gebieten», sagte Dan. «Wir mußten uns verteidigen, und die Besetzung war die Konsequenz daraus.»

«Doch aus einigen Gebieten haben wir uns bereits zurückgezogen, und über die Rückgabe anderer besetzter Gebiete wird verhandelt», fügte ich hinzu.

Für frühere Delegationen, deren Mitglieder sich nicht auf den Friedensprozeß berufen konnten, um Israels guten Willen zu demonstrieren, muß es schwieriger gewesen sein. Jetzt konnte man uns mehr Verständnis entgegenbringen, weil wir bereit waren, Zugeständnisse zu machen. Aber Dan und ich hatten trotzdem noch schwierige Situationen durchzustehen.

Ich erinnere mich an den Besuch in einer Schule, wo ein katholischer Junge sich sichtlich darauf vorbereitet hatte, uns in Verlegenheit zu bringen. Er hatte eine ganze Liste von Fragen, mit denen er uns angriff:

«Warum habt ihr den Libanon überfallen und Tausende von Menschen umgebracht? Warum habt ihr die Universität von Gaza mindestens dreißigmal geschlossen?»

Er hatte seine Hausaufgaben gut gemacht. Wir versuchten, die Fragen eine nach der anderen zu beantworten.

«Der Krieg im Libanon war schrecklich und führte zu Meinungsverschiedenheiten unter vielen Israelis, doch unsere Kibbuzim und Dörfer im Norden wurden vom Libanon aus mit Raketen beschossen. Wir konnten nicht einfach zusehen und die Hände in den Schoß legen. Wir haben ein Recht darauf, in Frieden zu leben und zu arbeiten.»

Der Junge, ganz offensichtlich ein entschlossener Antizionist, wurde böse, als wollte er aus der Diskussion einen persönlichen Streit machen. Unsere Antworten schienen ihn gar nicht zu interessieren.

«Welches Recht habt ihr, euch diese Gebiete einfach zu nehmen?» beharrte er. «Ich sage nicht: diese ‹biblischen› Gebiete, denn ihr seid ja nicht mal gläubig.»

Ich muß zugeben, daß ich erleichtert war, als sich an diesem Punkt unser Begleiter aus der israelischen Botschaft in London zu uns herüberlehnte und flüsterte: «Sagt ihm, er soll erst mal seine eigene Geschichte lernen. Wenn er unter B wie ‹Balfour› nachsieht, findet er die Balfour-Declaration vom 2. November 1917, da hat er dann seine Antwort.»

In dieser Erklärung hatte die britische Regierung versprochen, daß das jüdische Volk eine «nationale Heimstatt» in Palästina erhalten sollte.

Ich hoffe, daß ich mir keine Feinde in England gemacht habe. Mit Sicherheit habe ich viele Freunde gewonnen. Als ich nach Hause kam, fragte Großvater mich nach meinen Eindrücken. Doch statt wie ein Botschafter seinem Ministerpräsidenten sachlich Bericht zu erstatten, erzählte ich nicht etwa von den politischen Debatten, sondern ausführlich davon, wieviel Spaß wir gehabt hatten.

«Hast du mal ihr Essen probiert? Zum Glück gab's da überall McDonald's-Filialen», sagte ich zu ihm.

Er lachte von Herzen über seine kleine Botschafterin.

Während meiner Abwesenheit fanden sich in Tel Aviv über fünfzigtausend junge Israelis und Araber zu einer Kundgebung ein. Das war sehr wichtig, weil es dazu beitrug, nach dem Massaker in Hebron die Friedensgespräche wiederzubeleben. Trotzdem war die Lage in Hebron noch immer schwierig. Die israelische Armee war inzwischen befugt, auf bewaffnete jüdische Siedler zu schießen, man hatte ausländische Beobachter nach Hebron geschickt, um die Lage zu überwachen, und Terroristen der Hamas hatten zur Vergeltung in Galiäa sieben Israelis getötet. Dennoch waren die Friedensgespräche wiederaufgenommen worden. Weder Großvater noch Arafat wollten sie abbrechen. Saba war in jenen Tagen unglaublich beschäftigt. Wir mußten das Fernsehen einschalten, um zu erfahren, wo er sich gerade befand: an einem Tag in Moskau, am nächsten auf der West Bank, heute abend in der Knesset. Er gönnte sich keine Ruhepause.

Ich erinnere mich an eine Reise, die er nach Kairo machte, um mit Arafat über die Grenzen von Gaza und Jericho zu sprechen, die zu einem Bestandteil des neuen autonomen Palästinenserstaates werden sollten. Die beiden Delegationen hatten eine Einigung erzielt, doch Großvater war immer noch nicht bereit, zu unterschreiben. Eine Stunde lang studierte er die Karte mit der Sorgfalt eines Wissenschaftlers. Wie hätte er etwas anderes als gemischte Gefühle haben können? Gaza ist zwar nur ein Wüstenstreifen, doch es ist das Land, in dem Samson starb. Und Jericho war seit undenklichen Zeiten ein Teil der jüdischen Geschichte. Schließlich unterschrieb er. Zwei Monate später wehte die palästinensische Flagge über Gaza und dann, noch einige Tage später, über Jericho.

Es war ein höchst denkwürdiger Augenblick, denn zum erstenmal hatte das in Washington unterzeichnete Abkommen die territoriale Lage geändert. Für die Palästinenser war dies der Beweis, daß Israel es mit seinem Wunsch nach Frieden ernst meinte. Und für die Israelis war es der Beweis, daß der Friedensprozeß sehr schnell unumkehrbar wurde.

Ob es mir gefiel oder nicht, ich war immer die «Enkeltochter von Rabin». Ich konnte es mir nicht leisten, mir Blößen zu geben und mich wie ein normaler Mensch zu geben. Freunde von mir sagten manchmal scherzhaft, wenn sie die Enkeltochter des Ministerpräsidenten wären, würden sie ihre Familienbande dazu nutzen, sich Privilegien zu verschaffen. Doch das entsprach nicht meiner Denkweise. Ich tat alles, um Noa zu sein; auch wenn ich nicht vergessen konnte und wollte, wer mein Großvater war, so wünschte ich mir doch, die anderen würden es vergessen.

Nach der Reise nach England wurde ich von «Jediot Aharonot», einer führenden israelischen Tageszeitung, um ein Interview über die Erfahrung unserer Delegation gebeten. Ich hätte die Bitte ablehnen können, aber ich nahm an dieser Reise einen starken persönlichen Anteil und dachte, sie könnte junge Israelis interessieren. Deshalb ließ ich mich bereitwillig befragen. Der Artikel trug die Überschrift «Ich stehe weiter links als mein Großvater» und erwies sich für mich als Bumerang. Zwar kritisierte mich niemand direkt, aber ich erfuhr hintenherum, wie andere über meine Aussagen dachten. «Sie redet über Feminismus, aber wie kann sie sich für eine Feministin halten, wo sie diesen Großvater hat?» – als ein Beispiel.

Ich war verärgert. Ich war sicher, wäre ich nicht die «Enkeltochter von ...», dann hätte man mich wahrscheinlich gar nicht erst um ein solches Interview gebeten. Andererseits wollte ich, daß man mir als Noa zuhörte und mich als Noa beurteilte. Ich wollte nicht meine ganze Familie damit behelligen. Als ich Großvater von dem Vorfall erzählte, ertönte wie immer die Stimme der Vernunft:

«Wann wirst du begreifen, daß du es nicht allen recht machen kannst, Noa? Du mußt lernen, solche Kommentare zu ignorieren. Die Leute bekommen nur noch mehr Oberwasser, wenn du ihnen zeigst, daß du dich ärgerst.»

Lehrerinnen und Lehrer schienen häufig gerade von mir viel zu erwarten – oder zumindest erweckten sie diesen Anschein. Ich erinnere mich an manche Unterrichtsstunden, in denen es um die Tagespolitik ging und die Lehrerin am Anfang sagte: «Auch wenn die Enkeltochter des Ministerpräsidenten unter uns sitzt, solltet ihr keine Hemmungen haben, eure Meinung zu äußern.» Offenbar hatte diese Aufforderung den umgekehrten Effekt: Wenn sich anschließend alle Augen auf mich richteten, war ich diejenige, die sich gehemmt fühlte. Während des ersten Teils des Unterrichts sagte ich nichts, um nicht noch mehr Aufmerksamkeit auf mich zu ziehen. Nach einer Weile entspannte ich mich wieder und konnte schließlich dem Drang nicht mehr widerstehen, meine eigene Meinung zu äußern. Wenn es um die Politik der Regierung ging, dann achtete ich nach Möglichkeit darauf, je nach dem Schwerpunkt der Diskussion den jeweils zuständigen Minister beim Namen zu nennen. Den Verteidigungsminister oder den Ministerpräsidenten erwähnte ich nur, wenn ich keine andere Möglichkeit hatte. Aber ich habe mich nie wohl gefühlt dabei.

Ich verabscheue Heuchler. Ich achte stets darauf, welche Motive Menschen haben und was sie möglicherweise hinter meinem Rücken sagen. Nachdem Saba Ministerpräsident geworden war, bemühte ich mich nach Kräften, zu beweisen, daß mich das nicht zu einem eingebildeten kleinen Snob gemacht hatte. Aber es verletzte mich, wenn Menschen mich nicht einfach so nahmen, wie ich war. Ich mußte immer wieder an Großpapas Ratschlag denken:

«Noa, kümmer dich nicht darum, was andere über dich sagen, erst recht nicht, wenn sie dich nicht kennen.»

Er hatte schon früh gelernt, daß man es nicht allen recht machen kann, schon gar nicht als Politiker. Wenn er in der Presse und in der Knesset angegriffen wurde, pflegte er mit der Hand abzuwinken, als wollte er sagen:

«Das ist mir egal, solange ich weiß, was ich tue.»

Und das wußte er immer. Er war kein Politiker, der es auf Ruhm und Ehre abgesehen hatte. Er war ein Soldat, dessen einzige Sorge dem Wohlergehen und der Sicherheit seines Landes galt. Und darin war er stets derselbe, ob im Fernsehen, im Parlament oder auf der Straße. Einmal folgte ihm ein Pulk Journalisten, während er an einer langen Reihe aufgebrachter Siedler vorbeiging, die gegen seine Friedenspolitik protestierten. Ein Radioreporter fragte ihn:

«Herr Rabin, wollen Sie nicht zu ihnen reden?»

«Es interessiert mich nicht», sagte er. «Die können Sie vergessen.» Er wußte, wo sie standen.

Ich wollte, ich hätte mehr von ihm, ich wollte, ich würde weniger empfindlich auf Kritik reagieren. Wenn wir miteinander redeten, verbarg ich meine Reaktionen auf den Klatsch anderer. Ich sagte etwa: «Stell dir vor, Saba, der und der behauptet, ich sei eingebildet. Das ist doch wirklich lächerlich!»

«Lächerlich», pflegte er dann zu antworten.

Doch es machte mich noch immer wütend, als «Enkeltochter von Rabin» eingeordnet zu werden. Ich war stolz darauf, Sabas Enkeltochter zu sein, aber ich wollte unser Familienleben nicht mit der Öffentlichkeit teilen: Es gibt einige Dinge, über die man mit Freunden reden kann, und andere, über die man nur innerhalb der Familie spricht. Doch für die Menschen, die mich nicht kannten, blieb ich die Enkeltochter Rabins, und in ihren Augen mußte ich mir weiterhin den forschenden Blick der Öffentlichkeit gefallen lassen.

Einmal gab es jedoch eine Situation, in der sich die Verhältnisse umkehrten. Ich war 14, und wir fuhren für einige Zeit zu Freunden meiner Großeltern nach Massachusetts. Ich war vor den Großeltern dort und hatte bereits mit einigen Menschen Bekanntschaft geschlossen. Als Saba dann schließlich eintraf, wurde er als «Großvater von Noa» vorgestellt, was er natürlich amüsant fand. Danach sagte ich ihm, jetzt wisse er vielleicht, wie es für mich sei, immer nur die «Enkeltochter von Rabin» zu sein.

Auf der höheren Schule gab es ein Mädchen, das immer mit dem Finger auf mich zeigte und mit ihren Freundinnen tuschelte, wenn sie mich sah. Als ich eines Tages wieder an ihr vorbeiging, reagierte sie nicht. Ich drehte mich um und sagte zu ihr:

«He, du hast vergessen, heute auf mich zu zeigen.»

Ich glaube, Großpapa hätte das nicht gutgeheißen. Er hätte mir geraten, sie zu ignorieren, selbst wenn man mich deshalb für hochnäsig gehalten hätte. Das war jedenfalls seine Art, mit solchen Dingen umzugehen.

Ich erinnere mich an eine Nacht im September 1995, als die Knesset bis in die frühen Morgenstunden über die zweite Stufe des Friedensprozesses debattierte. Alle waren erregt, brüllten, stritten sich und warfen sich Beleidigungen an den Kopf. Für diejenigen von uns, die alles auf dem Bildschirm verfolgten, wirkte das Ganze wie ein Zirkus.

Früher an diesem Abend hatten die Rechten auf dem Zionsplatz eine Kundgebung gegen den Friedensprozeß abgehalten, an der auch einige Abgeordnete der Oppositionsparteien teilgenommen hatten. Die Demonstranten riefen Hetzparolen und trugen Transparente mit der Aufschrift: «Rabin ist ein Verräter» und Plakate, auf denen Saba in der Uniform eines SS-Offiziers dargestellt war.

Shevach Weiss, der Präsident der Knesset, war der Meinung, das dürfe man nicht kommentarlos hinnehmen, und legte dem Parlament eine Resolution vor, mit der solche Haßaufrufe verurteilt werden sollten. Doch zuvor wollte er noch dem Führer des Likud, Benjamin («Bibi») Netanjahu, die Möglichkeit geben, die Position seiner Partei darzulegen.

Der Mann, der vor wenigen Stunden die Kundgebung von einem Balkon am Zionsplatz aus beobachtet hatte, trat ans Rednerpult.

Als Netanjahu seine Rede begann, erhob sich Großvater langsam und verließ den Sitzungssaal. Die Fernsehkameras folgten ihm, als er in aller Ruhe in der Vorhalle eine Zigarette rauchte. Als die Rede beendet war, drückte er seine Zigarette aus und kehrte in den Plenarsaal zurück. Er weigerte sich jedoch, seinen Platz einzunehmen. Statt dessen sprach er in das Mikrophon, das unterhalb des Podiums auf dem Boden stand.

«Kann ich jetzt sprechen?» fragte er den Präsidenten leise. «Ich möchte nicht aufs Podium. Hier ist es okay.»

Dann wandte er sich an Netanjahu und sagte mit fester Stimme: «Genug der Lügen! Laßt uns mit offenen Karten spielen. Hören wir auf, unser Land im Namen dieser oder jener falschen Einheit zu zerreißen. Genug davon! Genug der Heuchler!»

Erst dann nahm er seinen Platz wieder ein. Jonathan und ich saßen vor dem Fernseher und hätten am liebsten applaudiert. Er war so würdevoll.

Ich erinnere mich nicht mehr an die genaue Abfolge der Ereignisse in jener Nacht, doch als die Debatte endete, war es drei oder vier Uhr morgens. Ich weiß, daß an einer Stelle auch Shimon Peres das Wort ergriff und in brillanter Weise die Rechtsparteien verspottete. Jonathan und ich lachten so laut, daß wir unsere Eltern aufweckten. Es war außerdem wunderbar, mit anzusehen, wie Peres seinem alten Rivalen aus der Arbeiterpartei, Saba, zu Hilfe kam.

Heute kennt man mich noch immer als die «Enkeltochter von Rabin», aber es macht mir nichts mehr aus. Die Grenzen zwischen Großvater und dem Ministerpräsidenten haben sich verwischt. Der Saba, den ich von uns daheim kannte, war derselbe Mensch, der sein Leben für den Frieden gegeben hat. Ich liebte ihn, bewunderte ihn und hielt zu ihm, weil er mein Großvater war. Doch heute verstehe ich, daß ich ihn auch deshalb so schmerzlich vermisse, weil er mein Ministerpräsident war, mein Beschützer, der Mann, der es einer ganzen Generation möglich gemacht hat, der Zukunft hoffnungsvoll entgegenzusehen.

Der Schmelztiegel

Dienst in der Armee

Ich gewöhnte mich schnell an die Vorstellung von Frieden. Das Merkwürdige daran war allerdings, daß ich begann, ihn für etwas Selbstverständliches zu halten, obwohl er alles andere als gesichert war. Mein Verstand warnte mich auch weiterhin vor den Hindernissen, die vor uns lagen, und es gab immer wieder kritische Augenblicke, die mich daran erinnerten, daß mein Verstand recht hatte. Doch mein Herz war stärker. Ich wünschte mir verzweifelt, in einem anderen Israel zu leben, einem Israel, das «normal» war.

Großvaters guter Wille wurde fortwährend auf die Probe gestellt. Im Juni 1994 bombardierte die israelische Luftwaffe als Vergeltung für Provokationen einen von der proiranischen Hisbollah-Bewegung unterhaltenen Militärstützpunkt im Bekaatal im Südlibanon. Das löste die unterschiedlichsten internationalen Proteste aus, war aber zugleich eine Methode, Damaskus eine Botschaft zukommen zu lassen. Und es funktionierte. Syrien, das bei allen militärischen Aktivitäten im Südlibanon das letzte Wort hatte, reagierte mit verstärkter Kontrolle über die Hisbollah.

Einen Monat später, am 18. Juli, wurden 26 Menschen getötet, als eine Bombe in der Innenstadt von Buenos Aires, dem Sitz einer großen jüdischen Gemeinde, ein Gebäude zerstörte, in dem sich auch die Räume des Jüdischen Hilfsfonds befanden. Und am 27. Juli explodierte eine weitere Bombe vor den Büros des United Jewish Appeal im Londoner Stadtteil Kensington, unmittelbar gegenüber der israelischen Botschaft. In beiden Fällen vermutete man proiranische Terroristen und Gegner des Friedensprozesses hinter den Anschlägen.

Die Verhandlungen mit der PLO wurden fortgesetzt, doch sowohl die extreme Rechte in Israel selbst als auch die extremistische palästinensische Hamas-Bewegung taten alles, um sie zu hintertreiben. Die Friedenstaube hatte sich zwar vom Boden erhoben, wurde jedoch von allen Seiten beschossen.

Großvater arbeitete Tag und Nacht, und seine ständigen Reisen brachten ihn an die Grenze seiner physischen Belastbarkeit. Ich erinnere mich an eine Gelegenheit, als er, zum Umfallen müde, ein Beruhigungsmittel nahm und danach 14 Stunden ununterbrochen schlief. Das veranlaßte einige Zeitungen und Likud-Politiker zu der Behauptung, er habe einen Kollaps erlitten. Seine Gegner versuchten den Eindruck zu erwecken, daß er zu alt und zu schwach für das Amt des Regierungsoberhauptes sei. Sie erinnerten die Öffentlichkeit daran, daß er während des Sechstagekriegs von 1967 ebenfalls Erschöpfungszustände gehabt hatte. Sie sagten, jetzt wiederhole sich die Geschichte. Aber er hatte keinen Zusammenbruch. Er war zwar ein alter Mann, aber entschlossener denn je. Er hatte einfach die Anweisungen seines Arztes befolgt und einen Teil des versäumten Schlafs nachgeholt.

Der Friedensprozeß ging weiter. Am 25. Juli 1994 flog Großpapa nach Washington, um eine neue Friedenserklärung, diesmal mit Jordanien, zu unterzeichnen. Beide Seiten erklärten ihre Absicht, ihre Grenzen zu öffnen, direkte Telefonverbindungen einzurichten, ihre Stromnetze miteinander zu verbinden, eine Zusammenarbeit zwischen ihren Polizeikräften zu fördern und Wirtschaftsbeziehungen aufzunehmen. Das Entscheidende jedoch war, daß mit diesem Abkommen den seit 46 Jahren herrschenden Feindseligkeiten zwischen zwei Nachbarstaaten ein Ende gemacht werden sollte.

Diese Erklärung brachte eine entspanntere Begegnung mit sich als das Treffen mit Arafat. Großvater mit seiner dicken Brille und König Hussein mit seinem weißen Bart lächelten einander herzlich zu und glichen zwei Patriarchen, die glücklich waren, frühere Kränkungen zu vergessen, und bereit, das zu tun, was die Welt von ihnen erwartete.

Zwei Wochen später war Großvater das erste israelische Regierungsoberhaupt, das Jordanien einen offiziellen Besuch abstattete und mit König Hussein in dessen Sommerpalast in Aqaba zusammentraf. Alle staunten, daß die beiden so gut miteinander auskamen, bis Saba den Reportern enthüllte, daß sie einander schon seit zwanzig Jahren kannten. Es hatte immer Gerüchte von Geheimtreffen zwischen den beiden gegeben, doch jetzt konnten sie endlich bestätigt werden.

Am 26. Oktober 1994, einen Tag vor Jonathans 20. Geburtstag, wurde König Hussein in Israel empfangen. Diesmal unterzeichneten beide Seiten einen Friedensvertrag, mit dem die Erklärung von Washington in die Tat umgesetzt werden sollte. Zum Zeichen der großen Bedeutung dieser Begegnung waren Präsident Clinton und seine Frau sowie ein Dutzend ausländischer Minister, Diplomaten, Geschäftsleute und religiöse Führer der Juden wie der Moslems anwesend. Die Zeremonie fand am Arava-Grenzübergang statt, einem neuen Grenzposten zwischen Aqaba und Eilat, der noch wenige Tage zuvor durch Minen gesperrt war. Es war aufregend, die ersten Straßenschilder mit der Aufschrift «nach Jordanien» zu sehen.

Großpapa nahm mich mit, so daß ich zum erstenmal in meinem Leben die Unterzeichnung eines Friedensvertrags unmittelbar miterleben konnte. Der Grenzübergang war mit Luftballons und Fahnen geschmückt, und es herrschte eine ausgelassene Stimmung. Israelische und jordanische Kinder begrüßten die Würdenträger, indem sie ihre Fähnchen schwangen. Es war entsetzlich heiß, da die Zeremonie mittags um ein Uhr stattfand. Die israelischen Behörden hatten Trinkwasser in Plastikflaschen bereitgestellt, die, als sie leer waren, vom Wind erfaßt und über die Wüste verstreut wurden. Großpapa verstieß gegen das Protokoll, als er sich zum Schutz gegen die Sonne eine weiße Baseballmütze aufsetzte, die nicht so recht zu seinem schwarzen Anzug passen wollte.

Ich saß auf der offiziellen Tribüne mit der übrigen Familie, etwas entfernt von Großvater, König Hussein und den anderen VIPs. (Vermutlich hätte ich sie alle am Bildschirm besser sehen können, und auf jeden Fall wäre mir die Hitze erspart geblieben.) Ich war sehr bewegt von Sabas Rede. Teile davon kann ich auswendig.

«Guten Tag, jordanische Mutter. Guten Tag, israelische Mutter. Heute ist kein Tag wie jeder andere. Heute ist ein Tag des Friedens... Die Zeit ist gekommen, von einer besseren Zukunft nicht nur zu träumen, sondern sie auch zu verwirklichen.»

Auch König Hussein betonte, daß wir einen geschichtlichen Augenblick erlebten: «Dies ist ein Frieden in Würde. Dies ist ein Frieden mit Verpflichtungen. Dies ist unser Geschenk an künftige Völker und Generationen.»

Trotz der Feindseligkeit vieler arabischer Länder, trotz der terroristischen Bombenattentate der Hamas und der gegen die Regierung gerichteten Proteste der israelischen Siedler an der West Bank beflügelten uns die stetigen Fortschritte auf dem Weg zum Frieden.

Sogar eine große Modenschau wurde im Namen des Friedens veranstaltet. Warum nicht? Frieden bedeutete auch: mehr ausländische Touristen, mehr Investitionen aus dem Ausland, Aufschwung der Wirtschaft. Und wenn es Modenschauen in Paris und New York gab, warum dann nicht in Israel?

Großpapa wurde im Sommer 1995 eingeladen, eine Modenschau in Caesarea zu besuchen, fünfundvierzig Minuten nördlich von Tel Aviv. Und da Großmama und Mama verreist waren, fragte er mich, ob ich ihn begleiten wolle. Ich war begeistert. Mich amüsierte die Vorstellung, daß ich einen Abend lang zur «in-group» gehören sollte. Großpapa war gebeten worden, vor Beginn der Show ein paar Worte zu sagen. Natürlich sprach er über den Frieden, aber er erzählte dem Publikum auch, daß er in Begleitung seiner Enkeltochter gekommen sei, die vermutlich mehr von Mode verstehe als er. Er wirkte entspannt und hatte offensichtlich Spaß an der Parade der Models. Allerdings hatte er tatsächlich wenig Ahnung von Damenmode und überschüttete mich mit Fragen.

«Wer ist der Modemacher?»

«Jean Paul Gaultier ...»

«Hmm ... Ziemlich ungewöhnliche Kleider ... Ziehen Frauen so etwas tatsächlich an?»

Ich erklärte ihm, daß die bei Modenschauen gezeigten Haute-Couture-Modelle normalerweise nicht von Frauen auf der Straße getragen wurden, aber er war verwirrt.

«Hoffentlich wird meine Enkeltochter nicht in solchen Kleidern gesehen», flüsterte er mir lachend ins Ohr.

Ein paar Monate darauf, im September, hatte ich mir, um Rosch ha-Schana, das jüdische Neujahrsfest, zu feiern, ein langes schwarzes Kleid angezogen, dessen durchsichtiger Stoff die Schultern zeigte und meine Taille, und insbesondere den Ring, den ich am Bauchnabel trug, seit ich die Oberschule abge-

Jitzhak und Noa, 1995 (Foto © Amir Weinberg)

Jitzhak und Noa, 1995 (Foto © Amir Weinberg)

schlossen hatte. Saba sah mich amüsiert, aber mit einem leicht mißbilligenden Blick an.

«Den Modemacher würde ich gern mal kennenlernen, der dieses Kleid für dich entworfen hat», sagte er doppeldeutig. «Wirklich.»

Wieder einmal wurde ich daran erinnert: Ich war nicht einfach nur Noa, die provozierend aussah, ich war auch die Enkeltochter des Ministerpräsidenten.

Ich hatte immer das Gefühl, daß ich mich bei allem, was ich tat, auf die Unterstützung meiner Familie verlassen konnte. Aber wenn meine Großeltern und meine Eltern mich toll fanden, wußte ich, daß ich es noch besser machen konnte. Eine der Lektionen, die Großpapa mich gelehrt hatte, lautete: Sei vor allem ehrlich mit dir selbst.

Es war zu Hause kein Geheimnis, daß ich ein bißchen desorganisiert, zerstreut und sogar ungeschickt war. Ich brauchte bloß in die Küche zu gehen, und schon fragten Großmama oder Mama: «Noa, hast du nicht noch etwas in deinem Zimmer zu tun? Oder vielleicht im Wohnzimmer?»

Ungefähr das einzige Gericht, das ich zubereiten konnte, waren Pfannkuchen. Und auch dann hinterließ ich in der Küche ein einziges Chaos. Ich habe immer meine Freundin Sharon beneidet, sie war so penibel in allem, was sie tat. Trotzdem, es gab noch Hoffnung. Jonathan war immer unordentlich gewesen, und plötzlich, als er zum Militär kam, hatte er sich geändert.

Als das Datum meiner Einberufung heranrückte, kam ich zu dem Schluß, daß ich für den Radiosender der Armee arbeiten wollte. Nach den Militärgesetzen können sich Rekruten um die Zuteilung zu bestimmten Einheiten bewerben. Eine Garantie allerdings, daß sie angenommen werden, gibt es nicht. Manchmal wird entschieden, daß ein Soldat anderswo gebraucht wird.

In meinem Fall war der Radiosender der Armee schon fast zu einer Obsession geworden. Ich konnte an nichts anderes denken und bereitete mich sorgfältig auf die fünfstündige schriftliche Eignungsprüfung und die sich daran anschließenden zwei Gespräche vor. Ich wußte, daß der Andrang groß war – es ist bekannt, daß der Sender einer der begehrtesten Truppenteile ist, da er als guter Einstieg in künftige Kommunikationskarrieren gilt.

Ich wußte im voraus, daß etliche Leute, falls ich angenommen wurde, meine Leistung mit dem Hinweis auf Begünstigung abtun würden. Wo auch immer ich hinging bei der Armee und was auch immer ich dort tat, immer würden sie meinen Erfolg darauf zurückführen, daß mein Großvater nicht nur Ministerpräsident, sondern auch der ehemalige Stabschef war. Ich beschloß, mir deswegen nicht im voraus Sorgen zu machen, und konzentrierte mich statt dessen auf die Bewerbung um den Posten, den ich wirklich gern haben wollte.

Als der lange Bewerbungsprozeß abgeschlossen war, hieß es nur noch geduldig abzuwarten. Doch als der Brief, in dem mir die Entscheidung mitgeteilt wurde, zu Hause eintraf, wagte zwei Tage lang keiner, es mir zu sagen. Schließlich eröffnete mir Mama: «Noa, sie haben dich nicht angenommen bei dem Radiosender.»

Ich war todunglücklich. Ich hatte mein Bestes getan, aber das war offenkundig nicht genug. Ich hatte meine Hoffnungen fest auf den Job gerichtet, und es war mir nicht gelungen, ihn zu bekommen. Tagelang lief ich schlechtgelaunt und mit finsterem Blick umher. Schließlich brachte Großpapa das Thema zur Sprache und fand einen Weg, mein Selbstvertrauen wieder aufzubauen.

«Noa, das ist doch nicht das Ende der Welt», sagte er mit sanfter Stimme. «Es wird schon alles gut werden für dich.

Wenn du es diesmal nicht geschafft hast, schade. Aber du findest bestimmt etwas anderes, wart's nur ab.»

Mir wurde klar, daß ich überreagiert hatte. Mir wurde auch bewußt, daß ich hauptsächlich wegen meines angekratzten Stolzes wütend und durcheinander war. Und – Ende gut, alles gut – als ich mich später um einen Job bei der Wochenzeitung der Armee, «Ba'ma'chane», bewarb, wurde ich angenommen.

Im März 1995 wurde ich achtzehn, aber mir blieb nicht viel Zeit, darüber nachzudenken, da ich mich auf meine abschließenden Schulexamen in der Dramenklasse vorbereiten mußte. Ich inszenierte ein Schauspiel von Bill Russell mit dem Titel «The Angel's Parade» und spielte selbst mit. Es war ein Stück über Aidskranke. Von den zehn Rollen spielte ich zwei, eine Krankenschwester, die sich bei der Pflege eines Patienten mit dem Aidsvirus infiziert hat, und eine Frau, die ein wahrhaft schreckliches Leben führt: sie ist von ihrem Vater mißbraucht worden, heiratet dreimal hintereinander, wird drogenabhängig und ist schließlich schwanger. Erst nach der Geburt des Kindes erfährt sie, daß beide, sie und ihr Kind, HIV-positiv sind. Das waren verzehrende Rollen für mich, die mir die Augen öffneten.

Wir gaben vier Abendvorstellungen, und die ganze Familie kam, außer Großpapa, dem ich die Geduldsprobe diesmal ersparen wollte – im vergangenen Jahr, als er zu unserer Schulaufführung gekommen war, war er nicht nur fast umgekommen in der Hitze, sondern hatte eingeklemmt im Publikum gesessen, als er dringender Probleme wegen in seinem Büro gebraucht wurde. Zum Ausgleich kam Großmama in unserer «Saison 1995» zu jeder Vorstellung.

Im Juni 1995 legte ich meine Abschlußprüfungen an der Ha'rishonim Schule ab, und danach reiste ich mit Sharon und zwei anderen Freundinnen, Romi und Nama, in Europa herum.

Unsere erste Anlaufstation war London. Es war aufregend, so weit von zu Hause fort und, was mir besonders gefiel, nicht Mitglied irgendeiner Delegation zu sein. Ich genoß die Anonymität und die Freiheit gleichermaßen. Zu Anfang waren wir sehr aktive Touristen: Wir gingen in die Tate Gallery, das Barbican Center, die National Gallery. Aber dann schwand unser Enthusiasmus dahin, unser Tempo wurde langsamer, und statt uns weiterzubilden, bummelten wir durch Hampstead und Camden Town, erforschten Kensington High Street – und entdeckten eine beachtliche Anzahl von McDonald's und Eisdielen.

Von London fuhren wir weiter nach Amsterdam, wo ich über die großen Scharen junger Leute staunte, die in den Cafés rumhingen. Da konnte man fast vergessen, daß es einige Probleme in der Welt gab. Unsere letzte Station war Paris. Als wir dort ankamen, waren wir fast pleite. Wir gingen in ein Hotel ohne Stern in der Lafayette und verbrachten unsere Zeit damit, daß wir durch die schmalen Straßen am linken Seineufer schlenderten und Schaufenster betrachteten. Romi schleppte uns immer wieder in Supermärkte. Sie liebte es, die Regale dieser Läden zu studieren – sie wollte wissen, was die Franzosen in ihren Kühlschränken hatten. Ich habe diese Faszination nie verstanden; da in den vergangenen Jahren die Importbeschränkungen in Israel gelockert worden waren, konnten wir in den Pariser Supermärkten nur wenig entdecken, was uns neu war.

Bald nach meiner Rückkehr nach Israel mußte ich zur Armee. Am 15. August morgens um 7 Uhr 30 verabschiedeten meine Familie und meine Freunde mich am Truppenstützpunkt Bakum, wo die Rekruten sich zu versammeln hatten. Meine zweieinhalbwöchige Grundausbildung begann. Ich hatte nicht gut geschlafen und hatte es fertiggebracht, zehn Minuten zu spät zu kommen. Jahrelang hatte ich in der Schule und von Großmama und Jonathan Geschichten über das Leben bei der Armee gehört. Das war jetzt etwas anderes. Meine Mutter hatte Tränen in den Augen. Ich weiß noch, daß ich dachte: «Bin ich wirklich schon an der Reihe? Ich komme mir immer noch vor wie ein Kind.»

Zuerst erkannte mich niemand, aber einige der Mädchen wußten, daß ich in der Gruppe war.

«Wo ist die kleine Idiotin, die Rabins Enkelin ist?» hörte ich eine mit lauter Stimme fragen.

Bald hatte es sich herumgesprochen.

«Weißt du, wer sie ist?» hörte ich die Mädchen um uns herum flüstern.

Wir stiegen in einen Bus, der uns zu unserem Ausbildungslager brachte: Machanc 80. Unterwegs dachte ich an meine Freundinnen und Freunde. Ich konnte mir vorstellen, was sie jetzt wahrscheinlich machten, nachdem sie mir bei der Abfahrt zugewinkt hatten: Sie würden in einem nahen Café sitzen, Kaffee trinken und Croissants essen und darüber reden, wann sie an die Reihe kämen. So hatte ich es gemacht, als mein Bruder und Freunde von mir ihren Militärdienst begannen. Aber jetzt war ich diejenige, die im Bus saß. Siebzehn Monate Armee lagen vor mir.

Meine erste militärische Handlung bestand darin, daß ich mich in eine Schlange stellte, um meine Fingerabdrücke nehmen und mich gegen eine Serie von Krankheiten impfen zu lassen. Der nächste Schritt war ein Hautwechsel: Ich tauschte meine Kleider gegen eine Khakiuniform. Im Handumdrehen sahen wir alle gleich aus. Kulturelle, physische und materielle Unterschiede waren wie weggewischt. Wir steckten alle in der gleichen Uniform, und wir hatten alle denselben niedrigen

Rang. Jeder von uns hatte eine Nummer erhalten, die bei der Armee wichtiger als unsere Namen war. Ich hatte das Gefühl, daß meine Vergangenheit, ja meine Persönlichkeit langsam dahinschwanden. Jetzt war ich nur noch Soldat.

Die meisten jungen Israelis müssen, wenn sie bei guter Gesundheit sind, ihren Militärdienst ableisten. Die in Israel lebenden Araber allerdings sind ausgenommen, weil sie Verwandte haben könnten, die in Jordanien, im Libanon oder in Syrien leben, wo oft Konflikte ausbrechen. Ihre Bereitschaft, im Kampf auf ihre Brüder, Cousins oder Freunde zu schießen, möchte man lieber nicht auf die Probe stellen. Ultraorthodoxe Juden beantragen, vom Militärdienst befreit zu werden: sie weisen darauf hin, daß es ihnen verboten ist, irgend etwas am Sabbat zu tun. Und unsere Armee muß immer bereit sein, auch am Sabbat.

Wer von uns zur Armee geht, weiß, daß von einem Tag zum andern Krieg ausbrechen kann. Aber zum Militärdienst gehört mehr als die Verteidigung der Nation. Es ist die Armee, die uns aus unseren kleinen Welten herausreißt und der ganzen Vielschichtigkeit dieses Landes aussetzt, seinen europäischen und nahöstlichen Zügen, seinen religiösen und weltlichen Komponenten, seinen verschiedenen wirtschaftlichen Schichten, seiner Geographie. Der Militärdienst ist außerdem Vorbereitung auf unser Erwachsenenleben, auf unsere Ausbildung, auf die Tätigkeiten, die wir später ausüben werden.

Aber als erstes lernen wir Gehorsam. Das Mädchen, das uns gleich an meinem ersten Ausbildungstag Befehle entgegenbellte, war gerade sechs Monate älter als ich. Meine erste Reaktion war Entrüstung. Aber ich fügte mich schnell ihrer Erfahrung und dem höheren Dienstgrad. Ich schlief in einem Raum mit acht anderen Mädchen. Es gab nur sechs Duschen für 84 Soldaten, also stellten wir uns an, mit unserem Hand-

Noa, 1995 (Foto © Angeli Agency)

Noa, 1995 (Foto © Angeli Agency)

tuch über dem Arm, bis wir an der Reihe waren. Und natürlich mußte alles pünktlich auf die Minute geschehen. Es gab feste Zeiten fürs Aufstehen, fürs Duschen, fürs Essen, fürs Saubermachen, fürs Nach-Hause-Telefonieren, fürs Rauchen, fürs Zubettgehen. Der Morgen war für mich immer ein schreckliches Gehetze: ich hatte nur eine halbe Stunde zum Waschen, Anziehen, Einsetzen der Kontaktlinsen, bis ich zum Appell fertig sein mußte. Abends war es ein klein wenig besser: Wir hatten eine Freistunde, in der wir Briefe schreiben, rauchen und plaudern durften, ehe wir das Licht löschen mußten.

Kleinere Disziplinarvergehen wie Kaugummikauen vor einem Offizier, Essen außerhalb der Kantine oder Einschlafen während des Unterrichts werden gewöhnlich mit zwei oder drei Stunden Abzug von der Urlaubszeit bestraft. Für gravierendere Vergehen, zum Beispiel wenn Drogen bei einem gefunden werden, wenn man ohne Urlaub fortgeht, bei grober Gehorsamsverweigerung oder dem Abfeuern einer Waffe ohne Genehmigung, ist die Strafe Haft.

Ich hatte keine Schwierigkeiten, den Vorschriften Folge zu leisten, gelegentlich aber konnte ich es mir doch nicht verkneifen, eine Regel in Zweifel zu ziehen:

«Warum darf ich nicht lachen?»

«Weil das, was Ihnen gerade gesagt wird, ernst ist.»

«Warum darf ich jetzt nicht rauchen?»

«Weil es die anderen um Sie herum stören würde.»

Ich nehme an, eigentlich hätte ich wohl nachdenken sollen über Fragen der nationalen Sicherheit und frühere Generationen von Soldaten, die das Land aus Sand und Ruinen errichtet oder ihr Leben verloren hatten. Statt dessen dachte ich über die enorme persönliche Veränderung nach, die ich hier durchmachte.

Wir hatten zwei Uniformen – die Uniform A als Ausgangsuniform, die Uniform B zum Gebrauch während der Grundausbildung. Sie gehören der Armee und werden wiederverwendet, bis sie auseinanderfallen. Mode spielte hier keine große Rolle. Meine Uniform B war mir viel zu groß, die Ärmel hingen mir über die Hände. Manchmal glaubte ich, ich würde schmelzen, denn die Hitze erreichte in jenem Sommer vierzig Grad, und die Uniform war erstickend.

Ich erinnere mich noch an die ersten Mahlzeiten: Alles schmeckte gleich, alles sah gelb aus. Das Fleisch, der Fisch, das Gemüse – alles gelb. Ich versuchte mich damit zu trösten, daß dies die effektivste Hungerkur meines Lebens werden könnte. Aber nach ein paar Tagen gewann mein Hunger die Oberhand. Uns stand nur eine begrenzte Zeit zum Essen zur Verfügung, und ich ertappte mich dabei, daß ich das Essen hinunterschlang und dabei auf die Uhr starrte. Ich kann nicht leugnen, daß ich mich mehr als einmal fragte: «Was mache ich hier eigentlich?»

Wir lernten den Umgang mit einem Gewehr, auch wenn wir nicht an die Front geschickt werden sollten. Ich gestehe, daß ich kein sehr guter Schütze war. Nach einer Serie von Schießübungen mit Übungsmunition sollte ich einmal Zielschießen mit echten Patronen üben. Ich kann nicht behaupten, daß ich das Schwarze der Zielscheibe geradezu durchsiebt hätte!

Die Allgemeinbildung, die den Rekruten von der Armee vermittelt wird, ist ein wesentlicher Teil der Ausbildung. Jerusalem wird besucht, um die Soldaten an die Bedeutung der Stadt zu erinnern. Wir werden über die Geographie unseres Landes und seine ökonomischen Ressourcen unterrichtet, und man bringt uns bei, wenn es dessen noch bedarf, Israel mehr als alles andere zu lieben. Gehorsam, Ordnung, Disziplin und Wachsamkeit sind die Prinzipien, die uns eingebimst werden. Es wird uns deutlich erklärt, daß jedes persönliche Schicksal eng mit dem größeren Schicksal Israels verbunden ist. Wenn die

Grundausbildung abgeschlossen ist, soll es bei den Rekruten keine Zweifel mehr darüber geben, warum sie beim Militär sind.

Bei meinem ersten Wochenendurlaub kam ich mir ein bißchen wie eine auf Bewährung aus dem Knast entlassene Gefangene vor. Ich zog alte Jeans an, verschlang rund um die Uhr Schokolade und Burgers, blieb lange auf, um Freundinnen und Freunde zu sehen, und telefonierte, um allen von meinem neuen Leben zu erzählen.

Großpapa wollte alles wissen, was ich bei der Armee machte. Er fragte mich nach der Disziplin, dem Essen, den Dienstplänen – nach allem. Es amüsierte ihn mächtig, daß ich gelernt hatte, mich in fünf Minuten anzuziehen. Und ich weiß, daß es ihn rührte, seine Noale in Uniform zu sehen, in der gleichen Khakiuniform, die er getragen hatte, als er 1967, nach dem Sechstagekrieg, an der Seite von Mosche Dayan in Alt-Jerusalem einzog.

Großmama fragte, was mir am wenigsten am Soldatsein gefalle. «Das frühe Aufstehen und das gräßliche gelbe Essen», erwiderte ich.

Ich hatte keinen wirklichen Grund, mich zu beklagen. Abgesehen von dem Essen und den kurzen Nächten, paßte es mir nicht, daß ich die billigen Armeesocken tragen mußte, und ich haßte es, wenn ich die schweren schwarzen Schuhe putzen mußte. Aber ich wußte, daß diese kleinen Mühseligkeiten zu Bedeutungslosigkeit verblaßten, wenn ich sie mit den härteren Zeiten verglich, die frühere Generationen hatten bestehen müssen. Großmama, die sich freiwillig gemeldet hatte, war in einem Krieg in Gefangenschaft geraten. Und als meine Mutter ihren Militärdienst absolvierte, waren die Bedingungen sehr viel härter gewesen, mit längeren Ausbildungszeiten und sogar noch strengerer Disziplin.

Als die Grundausbildung abgeschlossen war, brauchte ich mir meiner nächsten Zukunft wegen glücklicherweise keine Gedanken zu machen. Meine Bewerbung bei der Zeitung der Armee war bereits angenommen worden. So wußte ich nicht nur, wohin ich versetzt wurde, sondern auch, daß die Arbeit wahrscheinlich interessant sein würde. Natürlich hat die Armee Bedarf an den verschiedensten Arbeitskräften, unabhängig vom eigentlichen Armeekorps. Es werden Leute gebraucht, die tippen können, die eine Telefonzentrale bedienen oder Auto fahren können, die wissen, wie man mit Computern umgeht, die waschen und nähen oder Reparaturarbeiten verrichten und dergleichen mehr. Das, was fast alle zu fürchten schienen, war ein Job bei der Militärpolizei. Nur wenige waren dazu bereit.

Wenn ich höre, wie langweilig und öde die Aufgaben sind, die manche meiner Freundinnen tun müssen, sage ich mir jedesmal, wieviel Glück ich mit meiner Arbeit habe, die ich herausfordernd und anspruchsvoll finde. Wie bei jeder Zeitung liegt das Schwergewicht jeder Ausgabe auf verschiedenen Geschichten. Manchmal ist es meine Aufgabe, für einen Reporter zu recherchieren; dazu kann alles gehören, von der Jagd nach einem Interviewpartner bis zum Durchstöbern von Archiven nach relevantem Material für den Artikel.

Gelegentlich schreibe ich auch selbst den Artikel. Bei meinem ersten Auftrag als angehende Reporterin mußte ich ein Lager besuchen, in dem Mädchen gerade ihre Grundausbildung absolvierten. Ich weiß noch, ich kam bei Tagesanbruch zum Stützpunkt, noch leicht verschlafen, bewaffnet mit Fragen und begleitet von einem Fotoreporter. Aber ich war schnell hellwach, als ich die junge Truppenführerin den Mädchen Befehle zubellen hörte. Und als ich mit meinen Interviews in Fahrt war, staunte ich, in welchem Maße die Mädchen, die ich sprach, den Sinn dessen, was sie hier taten, verstanden.

«Warum, glaubst du, mußt du wissen, wie man mit einem Gewehr umgeht?» fragte ich eine.

«Als Frauen werden wir nicht an die Front geschickt. Aber manche von uns könnten in schwierige Situationen geraten, und wir müssen alle vorbereitet sein.»

Es ist mir bewußt, daß eine Rolle wie die meine bei der Armeezeitung nichts Bedeutendes ist. Ich habe einen langen Arbeitstag, und oft scheint es so, als verbrächte ich viele Stunden mit Herumrennen. Niemand würde auf die Idee kommen zu behaupten, daß das Beschaffen von Nachrichten, hauptsächlich zur Verteilung innerhalb der Armee selbst, so wichtig wäre wie militärische Übungen. Und doch, obwohl ich weiß, wie klein mein Beitrag ist, stelle ich fest, daß ich das Bedürfnis habe, mich ganz meiner gegenwärtigen Aufgabe zu widmen.

Denn wenn ich innehalte, um Atem zu holen, und über die allgemeineren Aspekte des Soldatseins nachdenke, sehe ich meinen Militärdienst als eine Möglichkeit, meinem Land etwas von mir selbst zu geben. Ich habe das Gefühl, daß ich jetzt eine winzig kleine Rolle in dem großen Drama der Geschichte Israels spiele. In der Vergangenheit ist die Armee stark genug gewesen, um zu kämpfen und Kriege zu gewinnen. Heute muß sie stark genug sein für den Frieden. Der Friedensprozeß schreitet fort, und ich bin stolz, einer Armee anzugehören, die sich stark genug fühlt, um den Frieden zu akzeptieren.

Einer von uns

Der Schatten des Mörders

Am 19. Dezember 1995, sechs Wochen nach dem Mordanschlag, wurden die Videoaufnahmen eines Amateurfilmers, die den Augenblick des Attentats festhielten, für die Medien freigegeben. Es war das einzige Bilddokument von Großvaters Tod. An diesem Abend wollte das israelische Fernsehen das Band zeigen.

Meine Entscheidung, mir die Aufnahmen anzusehen, fiel mir nicht schwer; schließlich ging es um meinen Großpapa. Wenn so viele andere Menschen sich die Aufnahmen ansehen konnten, warum dann nicht auch ich? Ich dachte nicht an den Schmerz, den ich empfinden würde, wenn ich diesen entsetzlichen Augenblick miterlebte. Das Verbrechen war bereits geschehen. Der eigentliche Schmerz war der Verlust von Saba.

An diesem Morgen hatte die Tageszeitung «Jediot Aharonot» Exklusivbilder gebracht, die dem Videoband entnommen waren, Israels Kanal 2 hatte die Senderechte erworben. Innerhalb weniger Stunden war die gesamte Auflage der Zeitung vergriffen. Ich erstand ein Exemplar, doch die Bilder waren von so schlechter Qualität, dunkel und irgendwie unscharf, daß ich auf ihnen kaum etwas erkennen konnte. Man hätte fast meinen können, auf den Fotos seien die ersten Schritte Neil Armstrongs auf dem Mond zu sehen.

An diesem Tag waren Mama und Savta in Paris, um einer Gedenkfeier für Großvater beizuwohnen. Seit dem Ende der traditionellen Trauerzeit von 30 Tagen waren sie dauernd unterwegs – in Rom, um den Papst zu treffen, in New York, in Washington. Keine von beiden wollte das Band sehen. Jonathan hatte an diesem Abend Schichtdienst in dem Restaurant, in dem er arbeitete, seit er vor wenigen Wochen seinen Militärdienst beendet hatte. Avi, der den Film bereits bei Onkel Juval gesehen hatte, arbeitete noch spät im Büro und hatte mich gedrängt, den Fernseher nicht einzuschalten. Karin mußte bei sich daheim bleiben. So war ich allein in unserem Haus in Herzliya.

Nachdem ich den ganzen Tag bei der Armeezeitung gearbeitet hatte, bereitete ich mich an diesem Abend darauf vor, mir die Aufnahmen anzusehen. Auch Freundinnen hatten versucht, mich davon abzuhalten; sie fürchteten, daß mein Kummer nur noch größer werden würde, wenn ich mich den Bildern aussetzte. Sogar ein Journalist hatte am Nachmittag eine Nachricht für mich hinterlassen und angefragt, ob ich vorhätte, die Aufnahmen zu sehen. Ich weigerte mich, ihm zu antworten. Ich wußte zwar, daß Großvaters Tod jetzt der Welt gehörte. Diese Bilder würden ebenso wie die vom Attentat auf Präsident Kennedy in die Archive der Geschichte eingehen. Doch für mich war es noch immer eine höchstpersönliche Angelegenheit.

Ich ging ins Schlafzimmer meiner Eltern, schaltete auf den Rat des Nachrichtensprechers die Lampen aus und drehte den Ton des Fernsehers lauter. Gemeinsam mit dem ganzen Land Israel raffte ich mich auf, den Tod Sabas mit anzusehen. Die Fahnen, Lieder und die Musik der Friedenskundgebung wurden nicht gezeigt. Auch der Schock und die Trauer des Landes in den Tagen und Wochen nach dem Mord waren nicht das Thema. Es ging allein um das Verbrechen. Um nichts anderes.

Erst wird Shimon Peres gezeigt, umringt von einer Menschentraube. Er wird zu seinem Wagen geführt und weggefahren. Dann kommt Saba. Er geht die Treppe hinunter. Geht zum Wagen. Wird angeschossen. Dreht sich um. Wird erneut von einem Schuß getroffen. Bricht zusammen. Schwarze Mattscheibe. Der Wagen fährt weg.

Der Ausschnitt wurde erst in Zeitlupe gezeigt, dann in normaler Geschwindigkeit und dann wieder in Zeitlupe. Nach den ersten Sekunden traf mich der Schock. Hier lebt er noch. Hier ist er tot. Von einem Augenblick zum anderen stürzt er zu Boden und stirbt.

Ich begann zu weinen. Obwohl die Bilder verschwommen waren, konnte ich Großpapa deutlich erkennen, als die tödlichen Kugeln ihn trafen.

Merkwürdigerweise hatte der Amateurfotograf in den Minuten, die dem Attentat vorangingen, seine Kamera auf den Attentäter gerichtet, eine einsame Gestalt in Jeans und hellem T-Shirt, die Arme locker zu beiden Seiten des Körpers herabhängend. Einen Augenblick lang schienen Polizisten mit ihm zu plaudern. Der Film lief weiter. Es war, als hätte der Mann mit der Videokamera die Absichten des Mörders geahnt, als hätte er mit den Ereignissen, die dann folgen sollten, gerechnet. Die Polizei dagegen war ahnungslos.

Die Vorführung der Videoaufnahmen an jenem Abend gab der Debatte über die Nachlässigkeit der Sicherheitsbeamten, die inzwischen in Israel entbrannt war, zwangsläufig neue Nahrung. Wir erfuhren später, daß der Mörder Großvater niemals hätte nahe kommen können, wenn man den Parkplatz wie geplant abgesperrt hätte. Die Zeitungen berichteten auch, daß der Mörder schon drei vergebliche Anläufe für das Attentat bei vorhergehenden Gelegenheiten unternommen hatte. Am Mordabend aufgenommene Fotos zeigten, daß er seine Jarmulke abgelegt hatte, um in der Menge nicht aufzufallen.

Das und anderes drang in den Tagen nach dem Mord an die Öffentlichkeit, zusammen mit einer Fülle von Verschwörungstheorien über das Versagen der Sicherheitskräfte. An diesen Spekulationen möchte ich mich nicht beteiligen. Großpapas Leibwachen hatten ihn jahrelang unerschütterlich und zuverlässig geschützt. In der euphorischen Atmosphäre des Platzes an diesem Abend hat vermutlich ihre Wachsamkeit nachgelassen. Ich mache ihnen keinen Vorwurf. Es ist eben so passiert, und ich werde mich nicht damit quälen, mir diese Szene immer wieder ins Gedächtnis zurückzurufen.

Man hat mich wiederholt gefragt, wie ich über den Attentäter denke. Über diese Frage habe ich sehr viel nachgedacht. Ich möchte mich gar nicht auf die Einzelperson einlassen, die Großpapa getötet hat, bin aber auch nicht bereit, jedem, der ein Gegner des Friedensprozesses ist, die Tat anzulasten. Ich möchte nicht behaupten, die gesamte Rechte in Israel sei extremistisch und fanatisch, doch wenn ich an den Mörder denke, kann ich das Klima, das diesen Mord erst möglich gemacht hat, nicht übergehen.

Zweifellos gibt es eine Mehrheit auf der Rechten, die Sabas Friedensbemühungen nicht unterstützte und seine Regierung am liebsten abgewählt hätte. Doch diese Menschen sind Demokraten, die eine Regierung mit legalen Mitteln abzulösen trachten. Die Welt von Sabas Mörder ist eine völlig andere. Sie ist nicht repräsentativ für die Hauptströmung der Rechten. Es ist eine extremistische Fraktion, die gezeigt hat, daß sie bereit war, Mord als Mittel politischer Veränderung einzusetzen.

Manche Menschen im Ausland waren vielleicht überrascht über diese Bewegung. Vielleicht haben sie gedacht, Israelis und Juden seien eine monolithische Einheit und stünden einander zumindest loyal gegenüber. Wir wußten es besser. Wir haben die Extremisten in Aktion gesehen, wir haben ihre Drohungen gehört, wir wußten von ihrem Haß. Doch wir haben unterschätzt, wozu sie imstande sein würden.

In den letzten Monaten seines Lebens waren die Angriffe auf Großpapa und seine Politik immer aggressiver geworden. Ich war schockiert, als ich den Haß in den Augen der Extremisten las und ihre Sprechchöre hörte: «Rabin ist ein Mörder, Rabin ist ein Verräter.» Es gab mir einen Stich, durch das Land zu fahren und Autos mit Aufklebern zu sehen, auf denen Sabas Politik verächtlich gemacht und er persönlich angegriffen wurde. Ich hatte Angst, es würde ihm etwas zustoßen, doch nie hätte ich mir träumen lassen, daß das Schlimmstmögliche Wahrheit werden könnte.

Ich habe Jungen und Mädchen in meinem Alter gesehen, aufgepeitscht von den Extremisten, die vor laufender Kamera Transparente hochhielten, auf denen Großpapa mit dem Totenkopfzeichen dargestellt war. Ich habe Kapuzenmänner gesehen, wie sie Strohpuppen verbrannten, die meinen Großvater darstellten; manchmal war er mit einem Palästinensertuch abgebildet, oder er trug das Eiserne Kreuz eines Nazis.

Ein Bild, das ich im Fernsehen sah, entsetzte mich besonders. Ein junger Mann, die Bibel in der Hand, einen Revolver in der anderen, schleuderte meinem Großvater Haßtiraden und Todesdrohungen entgegen. Ich bemühte mich, nicht darauf zu reagieren, ich versuchte, Saba von der Person zu trennen, die da bedroht und beleidigt wurde. Ich sagte mir: «Noa, mach dir keine Gedanken. Sie kennen Saba nicht so, wie du ihn kennst. Sie wissen nicht, wie stark, wie entschlossen, wie aufrichtig er ist.»

Ich habe Saba nie erzählt, wie sehr ich mir Sorgen um ihn machte. Wenn ich mit ihm sprach, schwanden meine Ängste.

Er war mit sich und mit dem, was er tat, im reinen. Die Demonstrationen brachten ihn nicht von seinem eingeschlagenen Weg ab. Es schien ihm nicht einmal etwas auszumachen, daß man ihn als Mörder beschimpfte, solange er das tat, woran er glaubte.

«Besser, du beachtest sie gar nicht», sagte er. Und ich fühlte mich beruhigt.

Ich weiß, daß alle diese Schmähungen ihm zusetzten, aber er zeigte es nie offen, nicht einmal in der Familie. Er und Großmama hatten beschlossen, sich mit Humor und Ironie zu verteidigen.

Eines Abends 1995 gab es eine wütende Demonstration vor ihrem Wohnblock in Ramat Aviv. Großmama kam als erste nach Hause und wurde auf der Straße mit Sprechchören «Rabin ist ein Verräter» empfangen. Wenig später machten sie es bei Großpapa genauso. Als er die Wohnungstür öffnete, begrüßte ihn Großmama mit den Rufen:

«Rabin ist ein Verräter, Rabin ist ein Verräter.»

Er mußte lachen.

«Ach, komm», sagte er. «Ich hab da draußen schon genug abgekriegt.»

Jonathan war der erste, der eine zutreffende Definition des Attentäters lieferte, und ich habe sie bereitwillig übernommen. Er war einfach eine Waffe, ein Roboter ohne menschliche Gefühle, indoktriniert von einem wohlfunktionierenden System des Hasses, das sich tief in unsere Gesellschaft gefressen hatte.

Wie mein Bruder und ich war der Attentäter in Herzliya aufgewachsen, und wie Jonathan hatte er seinen Dienst in der Armee absolviert. Aber er war nicht wie wir. Er besuchte eine religiöse Schule und wurde frühzeitig in eine Welt hineingezogen, die von extremistischen Rabbis und anderen fanatischen Meinungsmachern beherrscht wurde. Ihre fortwährenden Aufrufe zur Gewalt erinnerten mich an die Methoden, mit denen die Faschisten und Nationalsozialisten an die Macht gekommen waren. In ihrem Haß waren sie sich einig. Sie alle trugen den Revolver, der Saba tötete. Jigal Amir, der Attentäter, war einfach derjenige gewesen, der den Abzug betätigt hatte.

Nach dem Mord warben plötzlich einige dieser Gruppen um Verständnis für ihre Ansichten und um Anerkennung, waren jedoch nicht bereit, für das, was sie getan hatten, die Verantwortung zu übernehmen. Sie hatten keine Skrupel gehabt, niederträchtige Protestparolen zu verbreiten, sie hatten einen regelrechten Kreuzzug gegen Großpapa entfacht und ständig provoziert. Aber die Verantwortung für die Folgen ihres Treibens wollten sie nicht tragen. «Der Sieg hat viele Väter, doch die Niederlage ist eine Waise.» In den Wochen nach Sabas Tod ist diese alte Weisheit wiederholt zitiert worden. Der sogenannte demokratische Kampf der Rechten war ein Fehlschlag. Heute gibt niemand zu, an der Niederlage mitschuldig zu sein. Plötzlich waschen alle ihre Hände in Unschuld.

Über die Angehörigen des Mörders wurde in den Medien ausführlich berichtet, was ein grelles Licht auf die Familienverhältnisse warf, unter denen er aufgewachsen war. Für mich trägt seine Familie ebenso Schuld wie er selbst. Sein Bruder gab zu, er habe die 9-mm-Munition der Tatwaffe besorgt und zuvor Sprenggeschosse daraus gemacht. Er behauptete, er habe nicht gewußt, wozu sein Bruder die Kugeln benötigte. «Er ist mein Bruder. Ich habe sie ihm eben gegeben, das ist alles.»

Wofür sollten die Kugeln denn wohl gedacht sein? wird mancher sich fragen. Im Garten ihres Hauses fand die Polizei darüber hinaus Handgranaten, Zündkapseln und Plastiksprengstoff.

Die Mutter des Mörders schickte Großmama einen Kondolenzbrief. Ich habe ihn gelesen und hatte keineswegs den Eindruck, daß er echte Gefühle zum Ausdruck brachte. Es war kein schlichter handgeschriebener Brief einer Mutter an eine andere Mutter, in dem vielleicht hätte stehen können: «Mein Name ist Geula, und ich bin die Mutter von zwei Söhnen ...» Stattdessen war er maschinengeschrieben und strotzte von Gemeinplätzen.

Ihr Brief sagte mir nichts. Großvater war das Opfer eines ganzen Systems geworden, und es wäre Sache des Systems gewesen, echte Reue zu zeigen. Dieser Brief enthielt in meinen Augen keine Spur davon.

Trauer ist ein reines Gefühl. Ich möchte es nicht mit Haß beflecken. Ich verspüre kein Bedürfnis nach Rache. Ich möchte mich in meine eigenen Erinnerungen vergraben, meine süßen Erinnerungen an Saba, die mir immer bleiben werden. Deshalb auch möchte ich mich mit dem Mörder gar nicht auseinandersetzen. Aber ich weiß nicht, ob ich das immer so sehen werde. Es ist nicht leicht. Selbst jetzt kann ich nicht verhindern, Verachtung für die Welt des Mörders zu empfinden.

Es brachte mein Blut in Wallung, als ich den Mörder entspannt im Gerichtssaal sitzen sah, wie er Kaugummi kaute und sogar lachte, offenbar immer noch von der Richtigkeit seines Tuns überzeugt. Und ich verspürte Brechreiz, als ein Fernsehsender die triumphale Heimkehr einer jungen Rechtsextremistin zeigte, die im Verdacht stand, eine Komplizin des Täters zu sein. Ich verstehe jetzt, warum Saba die Extremisten als «Ayatollahs» bezeichnete. Sein Tod zeigt, wie recht er hatte.

In meinen Augen ist Israel wie ein gespaltener Körper, die

eine Hälfte ist gesund, die andere krebszerfressen. Und dieser Krebs ist die extreme Rechte. Es war der Krebs, der Großvater tötete. Es ist der Krebs, der noch immer versucht, Israel zu töten. Wie können wir uns von dieser Krankheit befreien?

Ich bin keine Politikerin oder Soziologin, aber ich bin überzeugt, daß wir nur durch Bildung und Erziehung die riesige Kluft zwischen den religiösen Extremisten und uns anderen überwinden können. In unseren Schulen muß Toleranz gelehrt werden, aber auch die Achtung aller Meinungen und die Weisheit eines geeinten Israel. Der Tag wird kommen, an dem die Extremisten einsehen werden, daß die meisten Menschen meiner Generation in Frieden leben wollen und daß der Extremismus es seit jeher verhindert hat, diesen Wunsch Wirklichkeit werden zu lassen.

In den Tagen unmittelbar nach Sabas Tod haben viele Menschen meine Angehörigen beschworen, in diesem Augenblick der Tragödie Israel zur Einheit aufzurufen. Als ein namhafter Rabbi Großmama besuchte, richtete er an sie den Appell, «die Nation zu beruhigen». Unwillkürlich schoß mir der Gedanke durch den Kopf: «Sie sind derjenige, der etwas unternehmen müßte ... Sie sind der Rabbi!»

Wir hatten bereits einen sehr hohen Preis bezahlt. Warum sollten gerade wir, die Opfer, zur Einheit aufrufen? Jetzt wäre es die Aufgabe der religiösen Schulen, der Einrichtungen der Rechten und der Rabbis gewesen, zur Zurückhaltung aufzufordern. Sie hatten die Nation gespalten; jetzt war es an ihnen, sie wieder zu vereinen.

Die entscheidende Frage, die Sabas Tod aufgeworfen hat, lautet nicht, warum die Sicherheitskräfte auf dem Platz der Könige Israels versagt haben. Sie lautet vielmehr, wie es möglich war, daß ein solches Verbrechen in einem sogenannten aufgeklärten Land wie Israel geschehen konnte. Das ist der Grund, warum wir uns auf die Leiden einer Gesellschaft konzentrieren müssen, die solche Ungeheuer wie den Mörder hervorbringen kann. Sein Name ist Jigal Amir, doch es gibt noch viele andere, die die Tat ebensogut hätten begehen können. Das Problem ist nicht Amir als Individuum oder die Amirs als Familie, sondern das System, das diesen Mord möglich gemacht hat. Die Schrift stand an der Wand, aber wir haben sie nicht gesehen, bis man Saba getötet hat. Jetzt können wir sie nicht länger ignorieren.

Eines Abends nach dem Mord an Großvater hatte ich ein langes Gespräch mit Großmama. Ich sagte ihr, mein einziger Trost sei, daß Saba in dem Bewußtsein gestorben ist, ihm könne so etwas nie passieren, daß er den Tod gefunden hatte, ohne zu wissen, daß es ein jüdischer Verbrecher war, «einer von uns», wie er immer sagte, der ihn umgebracht hatte. Savta sah es anders. Wäre Saba sich nur der Gefahr bewußt gewesen, so hätte sein Tod abgewendet werden können. Aber mir ging der Gedanke nicht aus dem Kopf: Wenn Saba schon auf diese Weise sterben mußte, dann war es besser für ihn, nicht zu wissen, wer es getan hatte.

Ein Tag ohne Saba

Der 6. November 1995

Am Morgen der Trauerfeier für Großpapa saß ich um halb sieben an seinem Schreibtisch, nahm einen Bogen Papier mit seinem persönlichen Briefkopf und schrieb meinen letzten Brief an ihn.

Shimon Sheves, einer von Sabas engsten Freunden, war der erste gewesen, der angeregt hatte, ich sollte doch bei der Trauerfeier reden – als Vertreterin der Familie. Ich hatte gezögert, aber die Familie hatte mich überredet.

Schon am Abend zuvor hatte ich versucht aufzuschreiben, was ich sagen wollte. Ich verließ die Wohnung meiner Großeltern in Ramat Aviv und fuhr nach Herzliya, um etwas Ruhe und Frieden zu finden. Aber auch zu Hause wollte sich nicht die richtige Inspiration einstellen. Dauernd klingelte das Telefon, auf dem Tisch lag ein Berg ungeöffneter Telegramme, und wieder war ich wie benommen. Ich war einfach nicht in der Lage, ein Wort an das andere zu reihen. Ich hatte den Brief sozusagen im Kopf, aber die entsprechenden Sätze wollten sich nicht formen. Ich fuhr wieder nach Ramat Aviv, ließ die Notizzettel alle verstreut in meinem Schlafzimmer liegen und sagte meiner Mutter, notfalls müsse ich eben improvisieren.

Es war ein seltsamer und düsterer Tag gewesen, dieser erste Tag ohne Saba. Als Großmama am Morgen erwacht war, hatte sie, als käme sie von einem anderen Stern, gesagt: «Irgend etwas Schreckliches ist heute nacht passiert, nicht wahr?» Sie dachte, meiner Mutter, der es nicht gutgegangen war, sei etwas zugestoßen. Dann sah sie meine Mutter und sagte:

«Oh, aber Dalia ist ja da ... und Abale?»

Ich schlief zu der Zeit noch fest, und erst später hat mir Mama von der schmerzvollen Rückkehr meiner Großmutter in die Realität erzählt. Als ich schließlich aufwachte, waren die beiden schon seit Stunden auf. Einen Moment lang war auch ich verwirrt. Wieso lag ich bei meinen Großeltern im Bett? Ein paar Sekunden war mir Aufschub vergönnt, bevor mich die Erinnerung wieder einholte. Dann kehrte der Alptraum zurück.

Ich stand auf wie in Trance. Ich ging umher wie in Trance. Menschen kamen und gingen. Auf dem Tisch müssen Zeitungen gelegen haben, und wahrscheinlich habe ich darin geblättert. Überall muß von dem Mörder die Rede gewesen sein, aber ich war mit meinen Gedanken ganz woanders. Ein tiefer Kummer, der erste in meinem Leben, überkam mich und sollte mich tagelang nicht loslassen.

Gegen Mittag fuhren wir nach Jerusalem, um Saba die letzte Ehre zu erweisen – eine Zeremonie, die Haskara heißt. Ein Panzerfahrzeug mit dem Sarg hatte bereits das Krankenhaus verlassen. Unser kleiner Konvoi bewegte sich langsam an Scharen von Männern und Frauen, jungen und alten, vorbei. Ich konnte ihre Gesichter nicht sehen, aber ich sah, daß sich Tausende versammelt hatten. Als ich zum blauen Himmel aufschaute, fiel mein Blick auf Reklametafeln: Über Nacht waren die Plakate abgerissen und durch Trauerbotschaften auf schwarzem Grund ersetzt worden. Auf einer Tafel standen Worte aus dem berühmten Lied von Shlomo Artsi: «Wo sind noch Menschen wie dieser Mann ...?» Tränen liefen mir über die Wangen. Es gab keinen anderen wie ihn. Und für mich wird es nie einen anderen geben.

In der Knesset defilierten Minister, Parlamentarier und andere Persönlichkeiten des öffentlichen Lebens langsam an dem Sarg vorbei, der vor dem Gebäude aufgestellt worden war, und kamen dann, um uns die Hand zu reichen. Der Gedanke, daß dieser schlichte, mit der Fahne Israels drapierte Sarg meinen Großvater enthielt, schien mir absurd. Sein Leben und sein Werk, alles in eine Holzkiste gesperrt? Ich fühlte mich gekränkt, für ihn gekränkt. Er sollte nicht einfach da in einer Holzkiste liegen, er gehörte zu uns, wir brauchten ihn, und er wollte bei uns sein.

Ich kann mich nicht erinnern, wie lange die Haskara-Zeremonie dauerte, aber ich weiß noch, daß Onkel Yuval das Kaddisch sprach, das Totengebet, zum Gedenken an Großpapa. Ich bewunderte meinen Onkel, daß er in einem so schweren Augenblick sprechen konnte – ich hätte kein Wort herausgebracht. Schon ein einziges kurzes Gebet wie das Kaddisch wäre zuviel für mich gewesen, und plötzlich fragte ich mich, ob ich wohl am morgigen Tag, bei der Trauerfeier, in der Öffentlichkeit reden könnte. Aber Onkel Yuval sollte mir ein Beispiel sein.

Als wir nach Ramat Aviv zurückkehrten, füllte sich die Wohnung bald wieder mit Besuchern. Das war der Augenblick, in dem ich mich entschlossen hatte, nach Hause zu fahren und meinen Brief an Großpapa zu schreiben. Gegen Mitternacht kehrte ich mit leeren Händen zurück. Alle Besucher waren gegangen, und wir drei Frauen gingen erschöpft ins Bett.

Am nächsten Morgen, kurz vor halb sieben, weckte mich Mama und schlug mir vor, es noch einmal zu versuchen. Am Morgen ginge es vielleicht besser, sagte sie. Und sie hatte recht. Jetzt flossen die Worte mühelos, ganz natürlich, als hätte

Saba mir gegenübergesessen und hätte mich lächelnd ermutigt. Er war so nahe. Ich wußte, daß er tot war, aber ich konnte es nicht glauben. Ich fühlte seine Wärme, seine Stärke, sie erfüllten den Raum. Und ich saß auf seinem Stuhl.

Mein Gespräch mit ihm war so wirklich, meine Gefühle so stark, daß ich meine Botschaft an ihn in wenigen Minuten niederschrieb.

Ich bat Mama und Savta, meinen Entwurf zu lesen. Auch Tante Rachel las ihn. Als ich ihn Jonathan vorlas, brach ich in Tränen aus. Ich hatte Angst, ich würde bei der Trauerfeier weinen, aber die anderen machten mir Mut. Und ich weiß noch, daß ich mir immer wieder sagte: Das Wichtigste ist, daß du alles sagst, daß du deutlich sprichst, daß du bis ans Ende der Rede gelangst und ihm alles sagst, was du ihm sagen willst, daß du zu ihm sprichst und er dich hört.

Ich versuchte, mich von Sabas Stärke inspirieren zu lassen.

Gegen 11 Uhr fuhren wir alle von Tel Aviv ab. Wir fuhren wieder zur Knesset in Jerusalem. Saba wartete noch dort, wo wir ihn tags zuvor zurückgelassen hatten. Er war nicht einen einzigen Moment allein gewesen – Tausende von Menschen waren an ihm vorbeigezogen, hatten Gedenkkerzen angezündet oder kleine schriftliche Botschaften zurückgelassen. Die Straßen zur Knesset und zum Knesset-Platz quollen über vor Menschen. Auch sie konnten nicht glauben, daß er tot war. Genau wie ich. Es war, als wäre der Anblick des Sarges für sie die einzige Möglichkeit, sich zu überzeugen, daß der Alptraum Wirklichkeit war.

In Jerusalem wurden Großmama, Mama und Onkel Yuval zuerst zu einem privaten Treffen mit König Hussein in die offizielle Wohnung des Ministerpräsidenten gebeten. Wir anderen – Angehörige und enge Mitarbeiter Großpapas – wurden in das Büro des Ministerpräsidenten in der Knesset geführt. Es ist ein unpersönliches Büro. An der Tür stand, schlicht und einfach: «Jitzhak Rabin, Ministerpräsident und Verteidigungsminister». Saba, der normalerweise im nahen Büro im Gebäude des Ministerpräsidenten arbeitete, benutzte diesen Raum, wenn er in die Knesset mußte. Ich hatte ihn dort nur ein einziges Mal besucht, 1992, an dem Abend, an dem die Knesset die neue Regierung vereidigte. Eine Erinnerung blitzte in mir auf: Wir waren zu seinem Büro gekommen, als er plötzlich laut «Leah ...!» rief.

Und Großmama erwiderte lachend: «Yes, Mr. Prime Minister.» Sie sagte es in einem leicht spöttischen und zugleich anmutigen Ton: Sie imitierte einen Ausspruch aus der satirischen Fernsehfilmfolge «Yes Minister», einer britischen Komödie, die sie sich gern zusammen angesehen hatten.

Jetzt war der Stuhl des Ministerpräsidenten im Knesset-Büro leer. Wir warteten ungefähr eine halbe Stunde, dann wurden wir in das Büro des Sprechers der Knesset geführt. Präsident Clinton und seine Frau trafen ein, begleitet von Präsident Weizman. Irgendwann im Verlauf des Gesprächs wandte sich Präsident Clinton an mich. An unsere Unterhaltung kann ich mich nicht mehr erinnern, aber ich weiß noch, daß es mich berührte, wie sehr er Großpapa bewunderte.

Die Vorstellung, Saba als historische Gestalt zu sehen, nahm erst nach der Trauerfeier allmählich festere Formen für mich an; ich glaube, Jonathan war sich sehr viel früher der Größe unseres Großvaters bewußt. Erst dann verstand ich, warum die ganze Welt gekommen war, um ihm die letzte Ehre zu erweisen: Nicht wie er gestorben war, sondern wie er gelebt hatte, war der Grund. Während der Zeremonie konnte ich an nichts anderes denken als daran, daß er nicht mehr da war. Die vielen bedeutenden Menschen um uns herum erinnerten mich an die zahlreichen Friedensversammlungen der vergangenen zwei

Jahre, an denen Saba und Shimon Peres teilgenommen hatten. Der Unterschied war, daß Saba nun nicht mehr da war.

Wir verließen das Büro mittags gegen ein Uhr und gingen hinüber zu dem Sarg; gleich darauf kamen Großmama, Mama und Onkel Yuval dazu. Würdenträger aus aller Welt trafen ein. Schweigend standen sie vor dem geschlossenen Sarg und drückten dann Großmama und den anderen Angehörigen ihr Beileid aus. Es waren so viele Menschen um uns herum, und doch konnte ich nur Leere fühlen.

Wir sahen zu, wie der Sarg von sechs Armeegenerälen und zwei Polizeikommandeuren aus dem Hof der Knesset hinausgetragen und auf ein Militärfahrzeug gehoben wurde. Tausende von Augen waren auf uns gerichtet, anhaltendes Blitzlichtgewitter, überall waren Fotoreporter und Journalisten. Zwei lange Reihen schwarzer Limousinen, Dutzende von Sicherheitsbeamten und riesige Mengen Trauernder. Ich versuchte mich abzukapseln von dieser Umgebung, allein zu sein mit meinem Schmerz.

Langsam setzte sich, hinter Sabas Sarg, der Trauerzug zum Herzlberg in Bewegung. Endlose Reihen von Menschen zu beiden Seiten der Straße begleiteten Saba auf seinem letzten Weg. Sie bildeten eine Art Trauer-Allee, die ganze Strecke, bis hin zu seinem letzten Ruheplatz. Großpapas Jerusalem war die Hauptstadt der Welt geworden. Jetzt lag Saba im Herzen dieser ewigen Stadt, und die Augen der Welt waren auf seinen Sarg gerichtet.

Schließlich nahmen wir unsere Plätze in der ersten Reihe der Trauernden ein. Es war ein heißer Tag, nur wenige schmutziggraue Wolken standen am klaren blauen Himmel. Sirenen heulten zwei Minuten lang, hallten über die Pinien und Zedern des Herzlbergs. Als die Sirenen aufhörten, schmerzte die Stille fast.

Sabas Frauen: Leah Rabin, Noa und ihre Mutter Dalia mit Noas Bruder Jonathan (Foto © Associated Press)

Großmama und Mama saßen zu meiner Rechten, Jonathan saß links von mir, in seiner Militäruniform. Einen Monat später würde er aus der Armee entlassen werden, aber er hatte die Uniform eigens Saba zu Ehren angezogen, weil Saba so stolz darauf gewesen war, daß Jonathan Soldat war.

Um uns herum saßen bedeutende Staatsmänner und Würdenträger verschiedenster Nationen vereint: Präsident Clinton, König Hussein, Präsident Mubarak, die Königin der Niederlande, Premierminister Major von Großbritannien, der deutsche Bundespräsident und der deutsche Kanzler, der Ministerpräsident von Rußland, der Generalsekretär der Vereinten Nationen, Boutros Boutros-Ghali ... Großpapas Familie war nicht allein.

Schließlich begann die Feier: Onkel Yuval sprach wieder das Kaddisch, wie er es tags zuvor in der Knesset getan hatte.

«Erhoben und geheiligt werde sein großer Name in der Welt, die er nach seinem Willen erschaffen, und sein Reich erstehe in eurem Leben und in euren Tagen und dem Leben des ganzen Hauses Israel schnell und in naher Zeit, sprechet: Amen!

Sein großer Name sei gepriesen in Ewigkeit und Ewigkeit der Ewigkeiten!

Gepriesen sei und gerühmt und verherrlicht und erhoben und erhöht und gefeiert und hocherhoben und gepriesen der Name des Heiligen, gelobt sei er, hoch über jedem Lob und Gesang, Verherrlichung und Trostverheißung, die je in der Welt gesprochen wurde, sprechet: Amen!

Nimm in Barmherzigkeit und Wohlgefallen unser Gebet an.

Möge Erhörung finden das Gebet und die Bitte von ganz Israel vor seinem Vater im Himmel, sprechet: Amen!

Der Name des Ewigen sei gepriesen von jetzt an bis in Ewigkeit!

Fülle des Friedens und Leben möge vom Himmel herab uns und ganz Israel zuteil werden, sprechet: Amen!

Meine Hilfe kommt vom Ewigen, dem Schöpfer von Himmel und Erde.

Der Frieden stiftet in seinen Himmelshöhen, stifte Frieden unter uns und ganz Israel, sprechet: Amen!»

Ich versuchte mich aufrecht zu halten, während ich darauf wartete, daß ich an die Reihe kam. Ich wußte nicht, wann mein Name aufgerufen würde. Ich gab mir Mühe, den Worten der anderen Redner zuzuhören, aber es war nicht leicht. Es waren Menschen, die aus dem Herzen sprachen, aus tiefem Schmerz, aber was sie sagten, schien an mir vorbeizurauschen. Ich kann nicht behaupten, daß ich mich an all die Reden genauer erinnere. Aber später, als ich sie im Fernsehen wiederhörte, kamen sie mir vertraut vor, so als wären sie schon in meinem Unterbewußtsein gespeichert.

König Hussein sprach ohne vorbereiteten Text, in tiefem Schmerz über den Verlust seines einstigen Feindes, der ihm «ein Bruder, ein Kollege und ein Freund, ein Mann, ein Soldat» geworden war.

Er wandte sich Großpapas Sarg zu und sagte: «Du hast gelebt wie ein Soldat, du bist gestorben wie ein Friedenssoldat.»

Dann fuhr er fort: «Er war ein mutiger Mann ... und er war begabt mit einer der größten Tugenden, die ein Mensch haben kann. Er war begabt mit Demut ... Er hatte Mut, er hatte visionäre Kraft, und er war dem Frieden verpflichtet. Und so, wie ich hier stehe, verpflichte ich mich vor dir, vor meinem Volk in Jordanien, vor der Welt, weiterhin das Äußerste zu tun, um zu gewährleisten, daß wir ein ähnliches Erbe hinterlassen ...»

Präsident Clinton sprach von Großpapa als einem «Partner und Freund» und erntete von vielen ein trauriges Lächeln, als er sich daran erinnerte, wie er Großpapa eine schwarze Fliege geliehen und ihm geholfen hatte, sie zu richten, unmittelbar vor dem Galadinner anläßlich des fünfzigsten Geburtstags der Vereinten Nationen vor nur zwei Wochen in New York.

«Es ist ein Augenblick, an den ich, solange ich lebe, immer gern denken werde.»

Aber Clinton wollte auch Großpapas Friedenstraum lebendig erhalten, und er beschwor die Israelis, die Lehren der Tragödie zu beachten.

«Ihr Ministerpräsident war ein Friedensmärtyrer, aber er wurde ein Opfer des Hasses. Ganz gewiß müssen wir von seinem Märtyrertum lernen, daß Menschen, die den Haß auf ihre Feinde nicht aufgeben können, Gefahr laufen, Haß unter den Ihren zu säen. Ich bitte Sie, das israelische Volk, im Namen meines Landes, das selber eine lange Reihe schmerzlicher Verluste zu beklagen hat – von Abraham Lincoln bis zu Präsident Kennedy und zu Martin Luther King –: Lassen Sie nicht zu, daß Ihnen das widerfährt.»

Shimon Peres erinnerte sich daran, daß noch vor zwei Tagen er und mein Großvater auf dem Platz der Könige Israels einander die Hand gehalten und das Friedenslied gesungen hatten.

«Du hast uns keinen Letzten Willen hinterlassen», sagte er, Saba zugewandt, «aber du hast uns einen Weg gewiesen, den wir mit Entschlossenheit und Vertrauen weitergehen werden. Die Nation weint. Ich hoffe, es werden Tränen für die Ewigkeit, Tränen für den Frieden unter uns und für den Frieden mit unseren Nachbarn sein.»

Präsident Mubarak, der zum erstenmal überhaupt in Israel war, sprach formeller. Er nannte Großpapa «einen mutigen Führer und anerkannten Staatsmann ..., der sich über die Vorurteile der Vergangenheit hinwegsetzte, um das schwierigste aller Probleme zu lösen».

(Foto © Amir Weinberg)

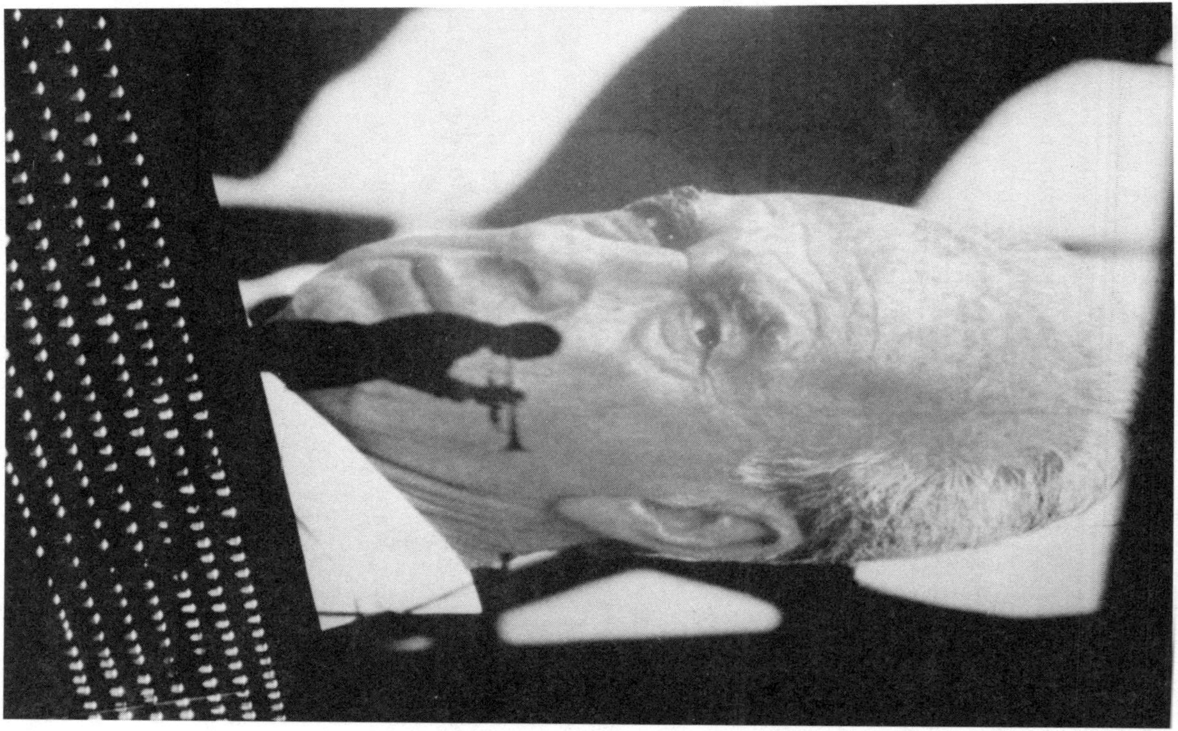

Ich erinnere mich auch an die vertraute Stimme von Sheves. So oft hatte ich ihn früher im Gespräch mit Saba erlebt.

«Unser lieber Jitzhak... Du warst ein liebevoller Ehemann, Vater und Großvater ... 30 Jahre haben wir zusammen gearbeitet ... nie sind wir getrennte Wege gegangen ... Ich habe dich gemocht und dir immer geglaubt ... Ruhen Sie in Frieden, Herr Ministerpräsident, ruhe in Frieden, Jitzhak Rabin.»

Ich zog mich innerlich noch mehr auf mich selbst zurück, seine Worte mit mir nehmend. Und nach jeder Ansprache kam der Redner herüber zu uns, um Großmama die Ehre zu erweisen.

Dann wurde mein Name aufgerufen.

Soldaten geleiteten mich zum Podium. Nun war es an mir, die ungeheure Stille, die den Herzlberg umgab, zu füllen. Ich überließ mich ganz dieser Stille, ohne an die Zuhörer oder die Medien zu denken. Ich dachte nur an Saba und an unsere Familie. Ich war da, ganz bei Großpapa. Und ich hoffte, daß er auch da war, bei mir.

Ich gab mir Mühe, meine Tränen zurückzuhalten, und begann zu lesen:

«Verzeiht, daß ich nicht vom Frieden sprechen möchte. Ich möchte von meinem Großvater sprechen. Für gewöhnlich erwachen wir aus einem Alptraum, aber seit gestern stürze ich beim Erwachen in einen Alptraum. Es ist nicht möglich, sich an den Alptraum eines Lebens ohne dich zu gewöhnen. Wenn das Fernsehen dich zeigt, bist du so lebendig, daß ich dich fast berühren kann – aber nur fast, denn ich werde es nie mehr können.

Großpapa, du warst das Feuer vor dem Lager, und jetzt sind

wir allein, ohne Fackel in der Finsternis; uns ist so kalt, wir sind so traurig.

Ich weiß, die Menschen sprechen von einer nationalen Tragödie und daß ein ganzes Volk getröstet werden muß. Aber wir fühlen die große Leere, die ohne dich bleibt, wenn Großmama nicht aufhören kann zu weinen.

Nur wenige kannten dich wirklich. Jetzt werden sie eine ganze Weile von dir sprechen, aber ich spüre, daß sie nicht wirklich wissen, wie groß der Schmerz, wie groß die Tragödie ist; etwas ist für immer zerstört.

Großpapa, du warst und bist und bleibst unser Held. Und ich möchte, daß du weißt – was immer ich auch tue, ich habe dich dabei vor Augen.

Dein Verständnis und deine Liebe haben uns bei jedem unserer Schritte begleitet, unser Leben ist geprägt von dem, was du für richtig und falsch, gut und böse hieltst. Du, der nie aufgegeben hat, bist nun verloren. Und jetzt bist du hier, mein immer gegenwärtiger Held – kalt, allein. Und nichts kann ich tun, um dich zu retten. Du fehlst uns so sehr.

Größere als ich haben dich gerühmt, aber keinem von ihnen war so wie mir das Glück beschieden, deine warmen, weichen Hände zu spüren, deine zärtlichen Umarmungen, die nur für uns waren. Und dieses halbe Lächeln, das mir immer so viel verriet – das Lächeln, das es nun nicht mehr gibt, das mit dir erstarrt ist.

Ich hege keine Rachegefühle, dazu sind der Schmerz und der Verlust zu groß. Uns ist der Boden unter den Füßen weggezogen, und nun tasten wir herum, versuchen uns zu orientieren in dieser Verlassenheit, ohne daß es uns bisher gelingen will.

Ich bin nicht fähig, dies zu Ende zu bringen. Es bleibt nichts, als dir Lebewohl zu sagen, mein Held, ruhe in Frieden und denk an uns und vermisse uns hier unten, die wir dich so lieben. Die

Engel, die dich jetzt begleiten werden, bitte ich, daß sie dich beschützen, denn du verdienst ihren Schutz.

Wir lieben dich, Saba, auf immer.»

Ich hatte mir so große Mühe gegeben, stark zu sein. Aber am Ende brach ich zusammen. Und als ich wieder zu meiner Familie kam, konnte ich nicht aufhören zu schluchzen. Ich hörte den nächsten Redner nicht, es war Eitan Haber, Großpapas Redenschreiber und guter Freund.

Vielleicht war es gut so. Vielleicht wäre es zuviel für mich gewesen. Sogar als ich ihn später im Fernsehen hörte, überwältigte es mich.

«Jitzhak, dies ist die letzte Rede», begann er. «Danach kommt keine mehr. Eine ganze Generation lang, über fünfunddreißig Jahre, warst du mein Lehrer, Berater und Führer. Du warst mein Vater ...»

Es war tatsächlich die letzte Rede. Von Saba wird es keine Reden mehr geben.

Der Augenblick war gekommen, Großpapa auf dem Friedhof am Herzlberg zu begraben. Andere große Gestalten der Geschichte Israels wie Golda Meir sind vor ihm hier beerdigt worden. Dies war die Stätte, wo er von nun an bis in Ewigkeit ruhen würde.

Wir hatten alle etwas von ihm empfangen, und nun begruben wir auch einen Teil von uns mit ihm. Eine schweigende Menge versammelte sich um das Grab. Eine Stimme flüsterte mir ins Ohr: «Sie waren die einzige, die es verstanden hat, richtig zu Ihrem Großvater zu sprechen.»

Ich erkannte die Stimme. Ich blickte auf und sah Präsident Clinton.

Großpapas Sarg wurde langsam in das Grab gesenkt. Ich sagte mir immer wieder: Dies ist kein Sarg, es ist ein Mensch. Die Träger hatten Mühe mit der Last, und in einem bestimmten Moment entglitt ihnen der Sarg beinahe. Ich spürte einen Schmerz, tief wie ein Messerstich, in meinem Magen.

Einer nach dem andern kamen die Trauernden und schaufelten nach jüdischer Tradition ein paar Brocken Erde auf den Sarg. Ich werde nie das Geräusch vergessen, mit dem die Erde auf den Sarg fiel. Ich zitterte, ich hielt mich an meiner Mutter fest, hinter der ich stand, legte den Kopf an ihre Schulter. Sie hielt mich aufrecht, ich hielt sie. Warum mußten wir diesen Horror durchleben?

Soldaten präsentierten die Gewehre, und dann feuerten sie drei Ehrensalven ab, bei denen mir schauderte. Saba würde für immer am Herzlberg bleiben. Er war von mir genommen worden. Alles war vorüber.

Als wir nach Ramat Aviv zurückkamen, versuchten wir, die Schrecken des Tages beiseite zu schieben und auf andere Weise Großpapas zu gedenken. Jonathan und ich saßen beieinander und schwelgten in Erinnerungen an die schönen Augenblicke, die wir mit ihm erlebt hatten.

Am nächsten Tag waren wir beide in Gigi Govs Fernseh-Talkshow und sprachen wieder über Saba, so als lebte er noch. Wie hätten wir so bald nach seinem Tod die Vergangenheitsform gebrauchen können? Wir erzählten Geschichten von unserem Großvater, nicht vom Ministerpräsidenten, und wir lachten viel. Jede Erinnerung an ihn gab uns ein warmes Gefühl. Das Lachen, das bei schönen Erinnerungen aufkam, war ermutigend.

Natürlich war es kein Zufall, daß wir in Govs Show auftraten. Er stand für den schönen Teil jenes schrecklichen Sonnabends nur drei Tage zuvor. Er war einer der letzten, die mit Saba gesprochen hatten. Und er war bestimmt der Geeignetste, uns durch ein Gespräch über Großpapa zu führen, das beides war, lustig und traurig. Nur bei ihm konnten wir freimütig lachen, ohne das Gefühl zu haben, etwas Unangemessenes zu tun. Es gibt keine Regeln für das Trauern. Lachen geht Menschen manchmal sogar noch mehr zu Herzen als Kummer.

Am 12. November fuhren wir wieder zum Platz der Könige Israels. Über fünfhunderttausend Menschen waren gekommen, um Saba zu ehren auf dem Platz, der von nun an Jitzhak-Rabin-Platz heißen sollte. Ich saß mit unserer Familie auf der Tribüne, derselben Tribüne, auf der Saba acht Tage vorher gestanden hatte.

Ein riesiges Bild von ihm hing hinter uns. Es war, als betrachtete er die Versammlung, als hätte er uns erblickt in einem Meer von Kerzenlichtern und Tränen. Großmama sprach zu ihm in ihrer Rede.

«Als du starbst, hat Israel den Atem angehalten ... Wenn du sehen könntest, Jitzhak, wenn ich dir erzählen könnte, was alles in dieser vergangenen Woche im Land geschehen ist – du würdest es mir nicht glauben. Tausende von Menschen sind aus allen Ecken der Welt hergekommen, Juden, Moslems, Christen ... Kannst du das glauben? Bitte, glaub es mir.»

Eine auf dreißigtausend geschätzte Menge Jugendlicher hielt die Nacht hindurch Wache auf dem Platz, sie saßen um brennende Kerzen herum und sangen Friedenslieder. Die Mauer nahe dem Schauplatz des Verbrechens sah aus wie ein Flickenteppich: Zettel mit Huldigungen, mit Hunderten von Botschaften an Großpapa, mit Zeichnungen und Gedichten. Großmama hatte recht, nie zuvor hatte sich dergleichen ereignet. Großpapas Bescheidenheit und sein nüchterner Wirklichkeitssinn hätten ihn daran gehindert, zu glauben, daß ein solches Maß an Unterstützung möglich war, es sei denn, er hätte es mit eigenen Augen gesehen. Es gefällt mir zu denken, daß er tat-

(Foto © Amir Weinberg)

sächlich irgendwo war – und noch ist – und mit Verwunderung zuschaute.

Nach Sabas Tod erhielt ich viele Briefe aus Israel und der ganzen Welt. Es beschämt mich, daß ich die meisten, wie ich gestehe, nicht beantwortet habe. Ich hatte einfach nicht die Kraft, persönliche Briefe zu schreiben, und hatte das Gefühl, eine vorgedruckte Antwort würde niemanden zufriedenstellen. Ich hoffe, ich kann sie eines Tages alle beantworten. Sie haben mich tief gerührt und haben mir gezeigt, daß ich nicht allein war.

Es ist mir klar, daß viele Menschen überall in der Welt Großpapas Tod als eine große politische Tragödie angesehen haben. Ich war Rabins Enkeltochter, und so haben sie sich an mich gewandt, aber ich glaube, sie sahen mich auch als ein Kind Israels, als ein Symbol des Friedens, für den er sein Leben hingab.

Die Tage vergingen, ich konnte wieder schreiben, in meinen Erinnerungen graben, meine Gefühle preisgeben, zu Saba sprechen. Dieses Buch zu schreiben war meine Art, ihn in meinem Herzen lebendig zu halten. Es war auch mein Versuch, dafür zu sorgen, daß man ihn nicht vergißt.

Die Erde dreht sich weiter

Epilog

Am Anfang war es nicht leicht, dieses Buch zu schreiben. Alles war noch so frisch, der Schmerz ungelindert. Gedanken, Ideen, Gefühle, Ungewißheiten wirbelten in meinem Kopf herum wie Spiegelscherben: Spiegelungen und Verzerrungen, die weder Kopf noch Herz gehorchen wollten. Das einzige, was ich denken konnte, war: Du fehlst mir, Saba, du fehlst mir.

Und immer wieder stellte ich mir die Frage: Habe ich etwas zu sagen, was nicht schon gesagt worden ist?

Bedeutende Staatsmänner hatten eloquente Reden bei der Trauerfeier für Großpapa gehalten. Ich hatte meine letzten Worte an ihn gerichtet, als er dort in seinem Sarg lag. Zeitungen rund um die Welt hatten lange Nachrufe veröffentlicht. Rundfunk- und Fernsehsender hatten sein Leben bis in alle Einzelheiten geschildert. Selten ist ein Mensch begleitet von einem solchen Chor von Huldigungen beerdigt worden.

Und doch drehte die Erde sich weiter: längst mußten sich die Regierungen in Washington, London, Paris und anderswo mit anderen Problemen beschäftigen. Israel hatte in Shimon Peres einen neuen Ministerpräsidenten. Der Friedensprozeß schien an Tempo zu gewinnen. Die PLO hatte die Kontrolle über weitere Ortschaften an der West Bank übernommen. Es gab sogar Hoffnungen auf eine Einigung mit Syrien. Als dann in Israel wieder Bomben explodierten, wurden wir daran erinnert, wie viele Hindernisse es noch gab auf dem Weg zum Frieden. Hatte es irgendeinen Sinn zurückzublicken, solange die Zukunft noch gestaltet werden mußte?

Aber ich hatte das Bedürfnis zu schreiben. Ich hatte Angst, mich an den Kummer zu gewöhnen, der sich wie ein knorriger Baum in mir ausgedehnt hatte. Ich wollte Großpapas Tod nicht akzeptieren, ehe ich sein Leben verstanden hatte.

Ich habe immer gern geschrieben und bin von Großvater auch immer dazu ermuntert worden. Er hatte eine Mappe, in der er die kleinen Gedichte aufbewahrte, die ich oft für ihn geschrieben habe. Und so habe ich jetzt, nach seinem Tod, für ihn weitergeschrieben. Ich habe meine Erinnerungen an ihn nach und nach gesammelt und ein Buch daraus gemacht. Obwohl nun ich mich für ihn darum kümmern muß – dieses Buch ist für ihn. Ich gebe zu, es war etwas Eigennütziges an meiner Entscheidung. Das Schreiben hat mir geholfen, mit meinem Schmerz umzugehen, meine Furcht vor dem Leben ohne ihn zu überwinden. Sein Tod hat ein Kapitel in meinem Leben abgeschlossen. Die Kugeln, die ihn töteten, haben zugleich meiner Kindheit ein Ende gesetzt. Und nun muß ich einer neuen Realität ins Auge schauen, einer Wirklichkeit ohne ihn.

Aber ich glaube, ich habe auch etwas beizutragen. Denn wieviel auch über Großpapa geschrieben und gesagt worden ist – nur wenige Menschen haben ihn wirklich gut gekannt. Es stimmt, daß ich ihn nur aus der Sicht der bewundernden Enkeltochter kannte, aber ich erlebte ihn so, wie nur wenige andere ihn sehen konnten: als einen warmherzigen und liebevollen Menschen. Solange er lebte, war ich darauf bedacht, nichts über meinen Großvater verlauten zu lassen. Jetzt, wo er nicht mehr da ist, ist dieses Buch auch meine Art und Weise, ihn mit der Welt zu teilen.

Jitzhak Rabin

Ich fühle, ich habe eine lange Reise mit ihm hinter mir, und das hat mir Trost gebracht. Aber es ist auch eine Reise gewesen, bei der ich den «anderen» Großpapa entdeckt habe, den Staatsmann, den Mann, der den Frieden schmieden wollte. Und während ich zu seinen Lebzeiten seine kleine Botschafterin gewesen bin, fühle ich nun eine besondere Verantwortung, die Erinnerung an ihn am Leben zu erhalten und für seine Ideen einzutreten.

Vor allem hoffe ich, daß meine Erinnerungen an meinen Großvater junge Menschen erreichen. Ich möchte, daß junge Israelis, junge Araber und andere junge Leute wissen, daß hinter dem Politiker ein redlicher und seinen Grundsätzen treuer Mann stand, der nie aufgehört hat zu glauben, daß sein Traum vom Frieden in Nahost Wirklichkeit werden könne. Alle, möchte ich, sollen wissen, daß ein Politiker, dieser Politiker eine Quelle der Inspiration sein kann.

Ich kann nicht den Anspruch erheben, für alle jungen Israelis zu sprechen. Es ist mir bewußt, daß ich in einer privilegierten Umgebung aufgewachsen bin. Es ist nichts Besonderes daran, «Rabins Enkeltochter» zu sein. Aber ich habe staatliche Schulen besucht, bin in einer Demokratie aufgewachsen, und ich bin Soldat geworden. Und ich weiß in meinem Herzen, daß die meisten jungen Israelis in Frieden mit ihren arabischen Nachbarn leben wollen.

Aber können die Israelis untereinander in Frieden leben? Können wir mit unseren Nachbarn in Frieden leben? Wenn ich daran denke, daß es blanker Haß war, der Großvater ermordet hat, gerät mein Optimismus ins Wanken. Aber dann denke ich daran, wie er an meiner Stelle wahrscheinlich reagiert hätte:

«Noale, nichts ist unmöglich, wenn es das Richtige ist. Scheitern ist nur ein zusätzlicher Grund, es weiter zu versuchen ...»

Mit seinem Tod hat Großpapa einen hohen Preis gezahlt für den gescheiterten Versuch, alle Israelis davon zu überzeugen, daß die Zukunft anders aussehen könnte. Was wir, seine Familie, verloren haben, ist unersetzlich. Und die meisten Israelis hat sein Tod niedergeschmettert. Aber ich weiß, er würde sagen, wir sollen es weiter versuchen.

Ich habe mir vorzustellen versucht, wie Saba auf mein Buch reagieren würde. Wenn ich die Augen schließe, sehe ich ihn vor mir: Er sitzt zu Hause, er hat ein dunkles T-Shirt an, eine Zeitung liegt auf seinen Knien, das halbe Lächeln umspielt seine Lippen. Er späht mich durch seine Brillengläser an, halb neugierig, halb amüsiert, als werde er jeden Moment fragen:

«Na, Noale? Was macht dein Buch? Gibst du nun alle meine Geheimnisse preis?»

Aber wenn ich die Augen wieder aufmache, sehe ich einen Mann, der größer ist, als irgendein Buch einfangen kann, einen Mann, der weit mehr geprägt hat als seine Enkeltochter und seine trauernde Familie.

Er lenkte die Geschicke dieses Landes, und er hatte die visionäre Kraft und den Mut, ein neues Kapitel der Geschichte aufzuschlagen. Er griff nach dem Unerreichbaren und brachte es in Reichweite. Und als er starb, hinterließ er Israel, dem Nahen Osten und der Welt ein Erbe der Hoffnung.

Wir müssen wachsam bleiben gegenüber allen Bedrohungen Israels von innen und von außen. Aber wir sind es uns selbst schuldig, daß wir den Friedensprozeß vollenden. Wir sind es auch ihm schuldig. Eher als Grabreden und Erinnerungen wird Frieden seinem Leben das bleibende Denkmal setzen.

Möge sein Andenken gesegnet sein.

Herzliya im März 1996